Brigitte Sager-Krauss / Wolfgang Thielke

Wie dicke Kinder abnehmen können

Brigitte Sager-Krauss / Wolfgang Thielke

Wie dicke Kinder abnehmen können

Extra: Herausnehmbares Heft für Kinder
mit Rezepten und Diätplan

MIDENA

Inhalt

Kinder lieben bunte und vor allem süße Lebens- und Nahrungsmittel.

Zwischendurch darf es auch einmal eine Portion Eis sein.

Lecker, saftig, süß und besser als Schokolade oder Bonbons: ein großes Stück Wassermelone.

Es gibt keine verbotenen Lebensmittel. Allein die richtigen Mengenverhältnisse der einzelnen Lebensmittel beeinflussen den Gesundheitswert der täglichen Kost.

Vorwort

Allein in der Bundesrepublik werden durch Krankheiten, die unmittelbar oder mittelbar durch Übergewicht ausgelöst werden, jährlich Kosten von rund 30 Milliarden Mark verursacht.

Noch nie war das Angebot an Lebensmitteln so sicher, reichhaltig, preiswürdig und Leckereien so bequem zu haben wie heute. Das ist die eine und schöne Seite des Wohlstands. Die andere: Immer mehr Menschen legen an Körpergewicht und Umfang zu – sie werden dick. Damit nicht genug, auch immer mehr Kinder futtern sich Speckpolster an. In Deutschland sind schon 13 Prozent der sechsjährigen Kinder so stark übergewichtig, dass sie therapiert werden müssen. Erschreckend oder maßlos übertrieben, weil die Kinder nur ein bisschen mollig sind? Wir sind rund, na und! Dick ist schick! So und ähnlich verteidigen Fürsprecher wie der Club Dicke e.V. die Schwergewichtigkeit. Man fühle sich auch mit überschüssigen Pfunden rundum wohl, denn das ideale Maß für Lebensqualität sei schließlich nicht auf der Waage abzulesen. Das stimmt. Es stimmt auch, dass Übergewicht erhebliche gesundheitliche Beeinträchtigungen nach sich zieht und damit sowohl Lebensqualität als auch Lebenserwartung nachhaltig vermindert.

Dicksein mit Zeitzünder

Krankheiten treten nicht unmittelbar auf, sondern stellen sich schleichend ein. Und manifestieren sie sich erst sehr viel später, ist die Ursache längst vergessen. Unvermittelt trifft die Dicken jedoch der Druck aus der Gesellschaft. Denn mediengerechte Idealmaße und Jugendlichkeit sind die Botschaft der Werbung.

Wer jung und dick ist, hat schlechte Voraussetzungen für ein leichtes Leben. Dicke Kinder gelten schon in der Schule als unbeweglich und nicht belastbar. Schleppen sie die überschüssigen Pfunde über die Pubertät hinaus mit sich herum, belastet der Speck auch den Start ins Berufsleben. Dicke werden benachteiligt, wenn es um die Verteilung von Ausbildungsplätzen oder später Karrierepositionen geht – natürlich geschieht dies nicht offiziell. Und auch bei der Partnersuche haben sie schlechtere Karten als die schlanke Konkurrenz.

Dem Kinderspeck ist mit einfachen Ge- und Verboten oder gar Diäten nicht beizukommen. Wäre das Schlankbleiben oder Schlankwerden so einfach, wie es die Werbung verspricht, hätte dieser Ratgeber keine Berechtigung.

Eltern haben Vorbildfunktion

Ein Kind vor dem Dickwerden zu bewahren oder ein dickes Kind abzuspecken ist ganz und gar nicht einfach. Überzogene Erwartungen auf kurzfristige und optisch frappierende Erfolge sind unangebracht. Eltern brauchen nicht nur Geduld und Konsequenz, sondern auch viel Einfühlungsvermögen. Vor allem aber müssen sie einen neuen Ernährungsstil vorbildhaft vorleben. Dies ist keineswegs unmöglich, sondern kann sogar Spaß machen.

Die Mühen werden sich lohnen. Am Ende hat Ihr Kind nicht nur eine bessere Figur, sondern es erhält mehr Lebensfreude, Lebensqualität und Gesundheit – selbstverständliche Voraussetzungen für eine unbeschwerte Kindheit.

Dieses Buch will Eltern und Kindern die ursächlichen Hintergründe erläutern. Nur wer begreift, wie Fett im Körper entsteht, wann und wo es deponiert wird, kann auch Methoden zur Vermeidung und Verminderung der Speckpolster umsetzen.

Das Buch nennt die offensichtlichen und heimlichen Dickmacher und liefert praxistaugliche Hinweise und Ratschläge, wo bei der Ernährung der Rotstift angesetzt werden muss.

Aber selbst dann, wenn Eltern noch so präzise unsere Vorschläge umsetzen, ist es ausgeschlossen, dass sie damit in wenigen Wochen aus einem Dickerchen ein schlankes Kind machen werden. Ein dickes Kind hat meist viel Energie und Zeit aufgewendet, um dick zu werden. Um schlanker zu werden, bedarf es noch mehr Zeit und noch mehr Energie.

Brigitte Sager-Krauss/Wolfgang Thielke
Aschaffenburg, im März 1998

Gute Gründe zum Abnehmen für ein Kind

Beugen Sie Übergewicht bei Ihrem Kind vor – damit es sich auch weiterhin »frei« bewegen kann und möchte.

Abspecken wollen, das ist die eine Seite. Schlank werden können, das ist die andere Seite. Die Umstellung von Ernährungsgewohnheiten, das Aufraffen zu mehr Bewegung oder anstrengender Gymnastik und das Essen unter Kontrolle – all das erfordert einen Vorrat an physischer, aber auch psychischer Energie, eine ganze Portion Geduld und ein erhebliches Quantum Druchhaltevermögen.

Ein Ziel stecken

Der erste Schritt zu einer erfolgreichen und anhaltenden Gewichtsredukion: Machen Sie sich Ihr gewichtiges Problem bewusst.

Je bewusster Sie sich über die Gründe sind, warum Sie Ihrem Kind zu weniger Gewicht verhelfen wollen, desto motivierter werden Sie Ihr Ziel zu erreichen versuchen.

Damit Sie jedoch nicht bereits auf halber Strecke vergessen, was Sie sich erhofft und gewünscht haben, sollten Sie vorab den Fragebogen auf den Seiten 12 und 13 ausfüllen. Er kann Ihnen helfen, Ihren Ist-Zustand und Ihre Wunschvorstellungen zu dokumentieren. Damit haben Sie gewissermaßen Ihr selbst gestecktes Ziel formuliert. Voraussetzung ist allerdings, dass Sie bei der Beantwortung vor allem zu sich selbst ehrlich sind. Nur dann besteht die Möglichkeit, dass Sie gemeinsam mit Ihrem Kind mittelfristig eine dauerhafte Lösung für seine »pfundigen« Probleme finden werden.

Doch Vorsicht: Es geht nicht allein darum, dass Sie wollen, dass Ihr Kind abnimmt, schlanker und gesünder wird. Es muss Ihnen in allererster Linie gelingen, Ihrem Kind die plausiblen und einleuchtenden Gründe für eine – notwendige – Gewichtsreduktion zu vermitteln beziehungsweise verständlich zu machen.

Wenn das Abnehmen zu einem langfristigen und dauerhaften Erfolg führen soll, müssen Sie Ihr Kind gewissermaßen als gleichberechtigten Partner gewinnen.

Zivilisationskrankheit Übergewicht

Übergewicht ist nicht nur ein individuelles Problem, mit dem immer mehr Menschen und zunehmend bereits Kinder zu kämpfen haben. Übergewicht hat sich in den letzten Jahren zu einer regelrechten Volkskrankheit entwickelt. Auslöser eines Gewichtsproblems ist in aller Regel zunächst unser allgemeiner Wohlstand.

Seit den Wiederaufbau- und Wirtschaftswunderjahren wird unser tägliches Leben kontinuierlich bequemer: Autos, Fahrstühle, Rolltreppen und viele weitere technische Innovationen und Entwicklungen ersparen uns zusätzliche Fußwege, die Versorgungslage mit Lebensmitteln aller Art, aus aller Herren Länder gewährleistet ein überreichliches Nahrungs- und Lebensmittelangebot.

Dieses bequeme Leben beeinflusst das Missverhältnis zwischen Energieaufnahme und Energieumsatz des Körpers nachhaltig. Zu wenig Bewegung und zu viel sitzende Tätigkeit verhindern eine Verbrennung der aufgenommenen Kalorien und sorgen für die Bildung von Fettpolstern. Fastfood, Fix-und-Fertig-Produkte, Tiefkühlkost, Fritteuse und Essmoden tun ein Übriges. Die Folge: Etwa 40 Prozent der Bevölkerung in Deutschland sind zu dick. Vor allem Kinder legen sich Speckpolster zu.

Eine stattliche Körperfülle ist jedoch beileibe kein Zeichen bester Gesundheit. Im Gegenteil: Wer zu dick ist, lebt nachweislich mit einem höheren Krankheitsrisiko.

Übergewichtige haben ein erhöhtes Krankheitsrisiko. Typisch sind:

- *Bluthochdruck*
- *Arteriosklerose*
- *Durchblutungsstörungen im Gehirn*
- *Zuckerkrankheit*
- *Lebererkrankungen*
- *Erhöhtes Krebsrisiko*
- *Arthrose*

Machen Sie sich von dem Gedanken frei, dass Gewichthalten mit ewigem Hungern verbunden ist. Es kommt auf die grundsätzliche Umstellung der Essgewohnheiten an.

CHECKLISTE ABNEHMEN

1 Istzustand

Wie viel wiegt Ihr Kind? .... kg

Wie groß ist Ihr Kind? .... cm

2 Wunschzustand

Wie schwer sollte Ihr Kind Ihrer Meinung nach sein? .... kg

Und Sie selbst? Wie viel wiegen Sie? .... kg

Wie viel dürften Sie Ihrer Meinung nach wiegen? .... kg

3 Wer möchte, dass Ihr Kind schlanker ist?

☐ Sie? ☐ Ihr Kind? ☐ Beide?

4 Warum möchten Sie, dass Ihr Kind schlanker ist?

☐ Aus gesundheitlichen Gründen
☐ Damit es besser aussieht
☐ Für ein »leichteres« Leben
☐ Damit es beweglicher wird

5 Was glauben Sie, warum möchte Ihr Kind schlanker sein?

☐ Weil es besser aussehen möchte
☐ Weil es weniger negativ auffallen möchte
☐ Weil es (mehr) Freunde haben möchte
☐ Weil es weiß, dass Sie es möchten
☐ Aus den gleichen Gründen wie Sie

6 Warum ist Ihrer Meinung nach Ihr Kind dick?

☐ Es liegt an der Vererbung
☐ Es isst zu viel

CHECKLISTE ABNEHMEN

- ☐ Es isst zu viel Fett
- ☐ Es nascht zu viel Süßes
- ☐ Es ernährt sich falsch
- ☐ Es sitzt zu viel vor dem Fernseher
- ☐ Es bewegt sich zu wenig
- ☐ Es treibt zu wenig Sport

7 Warum bewegt sich Ihr Kind zu wenig, warum treibt es keinen Sport?

- ☐ Es hat keine Lust, ihm fehlt die Motivation
- ☐ Es ist mit anderen Beschäftigungen ausgelastet (Schule, Hausaufgaben, Fernsehen, Computern o. Ä.)
- ☐ Alle seine Freunde und Klassenkameraden bewegen sich zu wenig oder treiben keinen Sport
- ☐ Wir, die Eltern, sind kein gutes Vorbild: Wir bewegen uns auch zu wenig

8 Was glauben Sie, wer hat Schuld daran, dass Ihr Kind dick ist?

- ☐ Sie, weil Sie für die Erziehung verantwortlich sind
- ☐ Ihr Kind, weil es »alles in sich hineinfuttert«
- ☐ Beide
- ☐ Die Umwelt (Großeltern, Freunde, Supermarkt, Werbung, Schule, Kindergarten etc.)

9 Wie könnten Sie Ihr Kind zum Abnehmen bewegen?

- ☐ Selbst mit gutem Beispiel vorangehen
- ☐ Durch Versprechen oder Belohnungen
- ☐ Durch gemeinsame Freizeitbeschäftigungen (Radfahren, Schwimmen, Inlineskaten o. Ä.)
- ☐ Durch ärztliche Beratung und Behandlung

Viel Bewegung und so richtig schwitzen – tägliches Training ist die beste Diätmaßnahme. Außerdem macht spielerische Bewegung in der Gruppe oder im Verein sehr viel Spaß.

Vom Wandel der Zeiten und der Esskultur

»Barocke« Formen – Schönheitsideal zu Zeiten des Malers Peter Paul Rubens.

Vor etwa 40 Jahren noch musste ein gestandener Mann wohlgenährt sein. Und niemand nahm es Frauen übel, wenn sie eine so genannte barocke Figur hatten. Nach den Hungerzeiten der Kriegsjahre konnte kein besseres – und deutlich sichtbareres – Wahrzeichen als Leibesfülle das Wirtschaftswunder symbolisieren: »Mein Bauch hat was gekostet«.

Vor 300 Jahren, zu Zeiten des Malers Peter Paul Rubens, war dick sogar ganz schick. Runde, voluminöse Körper waren das Ideal, und wer dünn war, hatte nichts zu bieten. Sogar die Kinder mussten zur Körperfülle neigen, wie zahlreiche Barockgemälde beweisen.

Dagegen haben als attraktiv und erfolgreich geltende Frauen und Männer heute schlank zu sein. Und mit ihnen auch die Kinder, denn die schöne Frau und der unwiderstehliche Mann werden immer jünger. Werbung und Mode kreieren immer neue Bilder von Jugend und Schönheit und der Zeitgeist, der von den Medien verbreitet wird, sorgt für ihre Akzeptanz und Nachahmung.

»O tempora, o mores.« – Wie kaum eine andere gesellschaftliche Norm ist der Körperkult ständig wechselnden Moden, Zeitgeistströmungen, Ins und Outs unterworfen. Lassen Sie sich nicht irre machen!

Zeitgeist und Werbung modellieren den Idealtyp

Marilyn Monroe hätte heute Figurprobleme und die Pin-up-Girls der Fünfziger- und Sechzigerjahre müssten heute abnehmen, sie bekämen sonst auf den Laufstegen der Modewelt keine Chance mehr. Mit den Siebzigerjahren kam der Schlankheitswahn. In Twiggy erkoren »Opinionleaders« eine extrem schlanke und zierliche Leitfigur. Phasenweise avancierte sogar das Untergewicht zum Schönheitsideal. Und auch der dicke Mann hat ausgedient. Waren früher die Macher gewichtige und gestandene Mannsbilder, sind die Bosse und Manager von heute schlank und rank. Das strahlt Dynamik und Belastbarkeit aus.

Werbung und Modedesigner wollen mit aller Gewalt suggerieren, dass ein Mensch von heute zwar konsumbereit, gleichzeitig aber drahtig oder gar hager zu sein hat.

Ist das lediglich eine Modeerscheinung, die neben den Frauen nun auch endlich Männer und Kinder einschließt? Wenn ja, warum nehmen dann nicht die Schlanken zahlenmäßig zu, sondern vor allem die Dicken? Liegt es an unserer Küche, die inzwischen immer mehr nach Allerweltsrezepten kocht?

Hightech ersetzt Mutters Küche

Das Bild von der kochenden Mutter am Herd und der wartenden Familie am Tisch ist längst überholt und so gut wie museumsreif. Was inzwischen diese bürgerliche Familienküche ersetzt, kann vielfach kaum noch Küche genannt werden. Sie ist nicht nur äußerlich auf Einbauzeilen geschrumpft, sondern vor allem auf Schnelligkeit getrimmt und mit arbeitsreduzierenden Hightechgeräten ausgestattet – so etwas wie eine Mischung aus Selfservice- und Fastfoodstation.

Traditionelle küchenobligatorische Tätigkeiten wie Gemüseputzen oder selbst hergestellte Menüs wirken darin deplatziert. Dafür gibt es umso mehr Snacks, Tütengerichte und Halbfertig- sowie Fix-und-Fertig-Gerichte aus der Tiefkühltruhe, die dank Heimservice jederzeit einem eiskalten Schlaraffenland gleicht.

Mit der Küche haben sich auch die Gewohnheiten gewandelt – oder waren neue Gewohnheiten der Anlass für den Küchenwandel? Aufgetaut und zubereitet werden die Mahlzeiten in Mikrowelle und Fritteuse. Statt Rezeptbüchern werden Zubereitungs- und Gebrauchsanleitungen gelesen.

Die Mikrowelle fehlt heute in – fast – keiner deutschen Küche.

Essvergnügen pur

Die Lebensmittelindustrie hat sich bestens auf die neue Situation eingestellt. Auch »Kochmuffel« können heute im Handumdrehen – mehr oder weniger – schmackhafte Menüs »zaubern«: Tiefkühl- und Convenienceprodukte machens möglich.

Heute werden Singlemahlzeiten ganz nach Lust und Laune rund um die Uhr zubereitet und mangels Zuhörerschaft kommunikationslos gefuttert. Jeder richtet sich dabei nach seinen Terminen oder seinem individuellen Hungergefühl.

Selbstverständlich hat dies Vorteile: Schulkinder wie kochungewohnte Väter bereiten ihre Leibspeisen nun selbst zu, auf die Mutter als Köchin kann verzichtet werden. Die ist ganz im Sinne der Emanzipation und fördert mit Sicherheit Entscheidungsfreudigkeit und Selbständigkeit des Kindes.

Auch eine scheinbar neue Bescheidenheit wird gefördert, denn gegessen wird nicht vom Teller, sondern einfach aus der Packung. Also Schluss und aus mit dem emotional verbrämten Essen, das die Mutter mit viel Liebe zubereitet?

Essen im Stehen oder Gehen

Den meisten Jugendlichen wäre es so ganz recht. Die Kids sprechen sich unverhohlen gegen das Familienessen aus. Das heißt: Die Jugend möchte selbst handeln – allerdings ohne die zeitraubende Kunst des Kochens zu erlernen. Dafür soll es frei und leger, vor allem aber praktisch in der Küche zugehen. Ähnlich wie im Fastfoodrestaurant, wo man nicht lange warten muss und wo man keinen Anstoß an den Manieren der anderen Gäste nimmt.

Die Zeiten haben sich geändert. Manieren, Vollkorn – was für antiquarische Begriffe.

Es besteht Auswahl genug. Hamburger, Currywurst, Döner, Pizza und Pommes – das ist die Welt der Imbissköche und ihrer Gäste. Der Erfolg gibt ihnen Recht. Waren 1984 die Fastfoodrestaurants nur zu etwa einem Fünftel an der Gesamtzahl der Verpflegungsbetriebe beteiligt, sind es heute weit mehr als die Hälfte.

Junge Leute snacken lieber

Die Mahlzeitenstruktur in Deutschland hat sich maßgeblich verändert: Immer weniger Deutsche richten sich nach der traditionellen Mahlzeiteneinteilung – Frühstück, warmes Mittagessen und kaltes Abendbrot –, sondern bevorzugen über den Tag hinweg lieber mehrere kleinere Zwischenmahlzeiten. Noch wird die warme Mahlzeit mittags eingenommen, der Trend geht jedoch dahin, sie auf den Abend zu verlegen oder ganz ausfallen zu lassen.

Viele greifen dabei auf Convenienceprodukte zurück. Die Mahlzeiteneinnahme wird nur noch am Wochenende zum zentralen Treffpunkt für die ganze Familie, während der Woche nehmen die meisten ihr Essen außer Haus oder allein ein.

Convenienceprodukte sind Lebens- und Nahrungsmittel, die für den Verbrauch bereits weitgehend vor- und zubereitet sind und dementsprechend eine Arbeits- und Zeitersparnis bedeuten, z. B. Fertigsuppen, Tiefkühl- oder Mikrowellengerichte.

Allein in Berlin gibt es 1300 Dönerstände. Mit dem Vordringen der (Un-)Kultur des Schnellessens wurden nicht nur ihre Produkte, sondern auch ihr technisches Mobiliar gesellschaftsfähig. So gilt die Fritteuse in vielen Haushalten mittlerweile als unverzichtbares Küchenutensil. Ersatzweise werden Grill und weit abgeschlagen notfalls auch die Pfanne akzeptiert. Verwender loben die Fritteuse als praktisch und vielseitig.

Nur veredelte Lebensmittel bringen Gewinne

Wandel auch bei den Einkaufsgewohnheiten. Wurde noch in den Sechzigerjahren ein großer Teil des Familienbudgets für den Lebensmitteleinkauf eingesetzt, sind heute die Ausgaben für das selbst zubereitete Essen kein großer Posten mehr. Weil beim Verkauf einfacher Lebensmittel kaum noch Gewinne zu realisieren sind, verdienen die Supermärkte inzwischen ihr Geld mit Halbfertig- und Fertigprodukten.

Zwischenzeitlich hat sich auch in unseren Breiten eine regelrechte Lebensmittelindustrie etabliert. Getreu US-amerikanischem Vorbild wird auf dem Foodsektor geworben, vermarktet, um Marktanteile gekämpft und der Verbraucher geradezu mit einer Lawine von Halbfertig-, Dreiviertelfertig- und Fertigprodukten überrollt.

Lieferant der Lebensmittel ist eine mächtige Industrie, die zu international agierenden Konzernen gehört. Ihre Marken beherrschen souverän den Markt und prägen nachhaltig den Geschmack. Damit nicht am Verbraucher vorbeiproduziert wird, überlassen die Lebensmittelmultis ihre Zukunft nicht dem Gusto von Starköchen, wie die Fernsehwerbung gerne glauben macht. Konzerneigene Forschungsinstitute entwickeln, designen und testen die neuen Zusammenstellungen bis eine breite Akzeptanz sicher ist.

Markentreue oder freiwillige Abhängigkeit

Hoch im Kurs steht gegenwärtig »functional food«. Darunter versteht man gesunde Lebensmittel, beispielsweise probiotische Jogurts. Sie enthalten magensaftresistente lebende Bakterien, die der Verdauung unter die Arme greifen sollen.

Im Gegensatz zu den gesundheitsbetonten Produkten verraten die Etiketten der krankmachenden Lebensmittel nichts darüber, dass sie mehr als ungesund sind. Stattdessen enthalten ihre Aufdrucke Hinweise, wie wertvoll eine Zutat, ein mehr oder weniger unbedeutendes Detail der Rezeptur ist.

Mit dem Werbespruch »enthält viel Kalzium« wird beispielsweise eine einfache Nussnougatcreme zum gesunden Lebensmittel erhoben. Wer will schon bestreiten, dass Kalzium an sich wichtig für den Körper ist? Obwohl schon ein Glas Milch die gleiche Menge Kalzium erheblich preisgünstiger und gesünder liefert. Zugegeben, der Aufdruck »enthält lebenswichtiges Kalzium« liest sich besser als die Warnung »enthält viel Fett und Zucker«. Daraus könnte ja möglicherweise treffend gefolgert werden, das Produkt mache dick.

Dies alles ist wenig tröstlich für die Dicken. Wer auch immer Schuld oder Mitschuld trägt, die Dicken haben nun einmal ihr Fett und müssen damit fertig werden.

NATALIE – EINE TYPISCHE SITUATION

Natalie ist dick. Sie geht schon in die zweite Klasse. Natalie ist für ihr Alter ungewöhnlich groß. Das hat sie von ihrer Mutter. Aber im Gegensatz zum Kind ist die Mutter schlank. Natalie hat keinen Vater mehr und die Mutter versorgt die Familie mit dem Ertrag aus einer kleinen Boutique. Natalie ist oft allein, wenn die Mutter im Geschäft Kundschaft bedient. Dann geht sie zu Freundinnen oder sieht fern.

Sie langweilt sich oft. Dann bekommt sie Hunger auf Süßes. Meist ist eine Schokolade im Haus, manchmal nascht sie auch von Mamas Pralinen. Es gibt Tage, da kann sie auch zwei Tafeln Schokolade essen. Danach fühlt sie sich nicht besonders wohl. Ihre Mama soll davon aber nichts mitbekommen.

Meist nascht Natalie heimlich in ihrem Zimmer. Wenn die Mutter aus dem Laden kommt, geht es ihr viel besser. Dann gibt es erst einmal etwas Richtiges zu essen: Wurst und Käse.

Natalie wiegt etwa 68 Kilogramm. Sie weiß nicht, wann sie sich zum letzten Mal gewogen hat, vielleicht ist es schon fünf oder sechs Wochen her. Ihre Kleider werden von einer Schneiderin genäht. Am liebsten würde Natalie Hosen tragen, aber dann lachen die Jungs in der Klasse.

Natalies Geschichte schildert eine typische Situation: Das Kind findet zu wenig Aufmerksamkeit und Zuwendung und beginnt aus Frust und Langeweile unkontrolliert zu essen. Überprüfen Sie einmal ganz ehrlich Ihre persönliche (Familien-)Situation; lassen Sie es nicht so weit kommen wie in Natalies Fall.

Dick – was heißt das?

Vor allem Kinder können »süßen Versuchungen« kaum widerstehen.

Was ist dick, was ist normal? Ist mein Kind zu dünn, gerade richtig und gut genährt oder sitzt zu viel Speck auf den Rippen? Viele Mütter sind unsicher, wenn es um Wachstum und Körperfülle ihres Kindes geht. Wenn nicht gerade ein Besuch beim Arzt ansteht und dort eine zufrieden stellende Antwort gegeben wird, dann ist guter Rat teuer.

Zu viele Fettpolster

Nach medizinischen Gesichtspunkten gilt als zu dick, wer übermäßig viel Fett mit sich herumträgt. Jeder Körper hat Fettgewebe. Er benötigt das Fett als Bausubstanz und als Energiespeicher. Das Fettgewebe besteht aus vielen kleinen und größeren Fettzellen (Adipozyten), deren hauptsächliche Aufgabe es ist, Fett zu speichern. Jedes Organ oder Gewebe im menschlichen Körper hat einen ganz eigenen, spezifischen Fettgehalt. Die Leber beispielsweise ist ein fettreiches Organ, sehr wenig Fett findet sich dagegen in den Knochen. Das meiste Körperfett liegt im Unterhautfettgewebe.

Dick heißt in unserem Sprachgebrauch so viel wie zu viel Körpermasse. Die Wissenschaft behilft sich mit weiteren Abstufungen: Sie bezeichnet eine mäßige Überschreitung des normalen Körpergewichts als Übergewicht. Bei starkem Übergewicht spricht die Medizin von Adipositas.

Körperbausteine

Die Naturwissenschaft fand schon vor etlichen Jahren heraus, dass der schlanke menschliche Körper normalerweise aus durchschnittlich 60 Prozent Wasser, 14 Prozent Protein (Eiweiß), ein bis zwei Prozent Kohlenhydraten (Zucker), fünf Prozent Mineralstoffen und etwa 13 bis 23 Prozent Fett besteht. Natürlich variieren diese Werte von Mensch zu Mensch innerhalb gewisser Grenzen.

Verglichen mit den anderen Bausubstanzen, gibt es bei den Fettwerten die stärksten individuellen Unterschiede. Jeder weiß, dass Männer gegenüber Frauen im Schnitt ein fettärmeres Gewebe besitzen, Bodybuilder und Hochleistungssportler weniger fettes Gewebe, dafür aber mehr Muskeln haben als der Durchschnittsbürger, und bei Kindern je nach Wachstumsphase einmal mehr, einmal weniger Speck auf den Rippen sitzt.

Übersteigt der Fettanteil den als normal angesehenen Bereich, dann ist man zu dick, hat Übergewicht. Fettsucht (Adipositas, von lateinisch adiposus = fettreich), was so viel heißt wie krankhafte Einlagerung von Fett, zeichnet sich durch einen extrem hohen Fettgehalt des Körpers aus.

Lebensfähig ist man allerdings auch noch mit einem sehr großen Fettpolster: Es sind sogar Fälle bekannt, in denen Körperfettanteile von bis zu 50 Prozent gemessen wurden. Lebenserwartung und Lebensqualität sind bei solchen Extremwerten allerdings stark eingeschränkt.

Die Fettmessung erfordert spezielle Methoden und Geräte. Nur wenige Ärzte und Ernährungsberater verfügen über das notwendige Know-how sowie die richtige Geräteausstattung. Wenn Ihr Kind bald einmal wieder zum Arzt muss, fragen Sie doch danach.

Jeder braucht sein Fett

Für den Aufbau von Zellmembranen und das Funktionieren des Stoffwechsels ist Fett notwendig. Fett dient als Polster- und Isoliermaterial für einzelne Organe und ist außerdem eine gehaltvolle Energiereserve sowohl im Alltag als auch in Notzeiten. Fett ist für den Körper also ungeheuer wertvoll. Das Dilemma: Unsere Ernährung ist häufig so fett, dass wir zu viel des Guten aufnehmen. Der Körper kann Fett, das nicht sofort benötigt wird, speichern.

Überschüssiges Fett wird in die Fettzellen des Fettgewebes geschleust. Bei übermäßiger Fettzufuhr werden teilweise sogar neue Fettzellen gebildet, wodurch die Fettspeicherkapazität zusätzlich erhöht wird. Bekommt der Körper über geraume Zeit zu viel Fett, dann ist die Folge unübersehbar, er wird dick!

NORMALWERTE FÜR DEN KÖRPERFETTGEHALT

Geschlecht	Fettgehalt in Prozent (Normalwerte nach Alter)				
	1 Jahr	10–15 Jahre	15–19 Jahre	20–29 Jahre	30–39 Jahre
Männlich	20–23	12–17	11–18	12–20	15–22
Weiblich	23–24	13–19	15–23	18–25	20–27

Für Kinder gelten andere Gewichtsnormen

Wenn Sie wissen wollen, ob Ihr Kind übergewichtig ist, sollten Sie einen Kinderarzt aufsuchen. Er verfügt über die nötige Erfahrung und entsprechende Geräte, um eine exakte Diagnose stellen zu können.

Wie können Sie ohne Zutun des Arztes herausfinden, ob ihr Kind normalgewichtig oder dick ist? In extremen Fällen, das heißt bei starker Fettsucht, reicht für das Urteil allein der optische Eindruck aus. Bei weniger schwerwiegenden Fällen kann man sich jedoch nicht allein auf das Augenmaß verlassen. Wer weiß, ob dabei die Speckpölsterchen nicht zu streng oder zu nachlässig beurteilt werden?

Ideal-, Normal-, Wohlfühlgewicht

Den Fettgehalt des Körpers kann man leider nicht ohne aufwendiges Gerät bestimmen. Deshalb muss man sich für den Privatgebrauch mit Gewichtstabellen und einfach berechenbaren Normen begnügen.

Idealgewicht, Normalgewicht nach Broca, Sollgewicht, Wohlfühlgewicht, Body-Mass-Index – der eine oder andere Gewichtsindikator ist vielen Eltern häufig bereits aus eigener Erfahrung ein Begriff. Warum also nicht einfach Gewicht und Größe des Kindes in die jeweils ausgewählte Formel einsetzen und daraus schnell eine zuverlässige Aussage über den tatsächlichen Gewichtszustand errechnen?

So einfach ist es leider nicht. Maßstäbe, die für Erwachsene gelten, sind für Kinder längst nicht die richtige Wahl. Die meisten der Gewichtsindikatoren werden aus der Relation von Körpergewicht und Größe berechnet.

Bei Kindern liegen die Proportionen, das heißt das Verhältnis von Länge und Gewicht, aber in völlig anderen Bereichen als bei Erwachsenen. Selbst ein schmales, untergewichtiges Kind würde Gefahr laufen in die Kategorie »Dicke« eingestuft zu werden, wenn man nach Formeln für Erwachsene Maß nähme.

Bei Kindern sind Körpergewicht und Körperlänge im Laufe der ersten Lebensjahre großen Änderungen unterworfen. Die Proportionen verändern sich in dieser Zeit altersabhängig sehr stark.

Verschiedene Wachstumsphasen

Außerdem: Kinder durchlaufen in sehr kurzer Zeit ganz unterschiedliche Wachstumsphasen. Einmal geht es mehr in die Breite, dann kommt wieder ein langer Schuss in die Höhe, einmal werden Speckpölsterchen als Energiereserve angelegt, dann wird wiederum Körperfett abgebaut und die Energie in die wachsenden Muskeln geschleust.

Der Body-Mass-Index (BMI)

Die aussagekräftigste Formel im Bunde der gebräuchlichen Gewichtsparameter ist diejenige zur Berechnung des Body-Mass-Index (BMI). Übersetzt heißt Body-Mass-Index so viel wie Körpergewichtsmaßstab.

Zur Ermittlung des BMI gehört ein wenig Rechenarbeit. Zunächst wird die Körpergröße in Meter mit sich selbst multipliziert. Dann wird das Körpergewicht in Kilogramm durch den vorher erhaltenen Wert geteilt.

DER BODY-MASS-INDEX (BMI)

BMI = Körpergewicht (in kg) ÷ Körpergröße^2 (in m)

Als Ergebnis erhält man den individuellen BMI. Der ermittelte BMI liegt in den meisten Fällen zwischen den Werten 20 und 30. Durch Vergleich mit den im Normbereich liegenden Gewichtsindizes kann jetzt das aktuelle Gewicht beurteilt werden.

BMI-NORMALWERTE	
Alter	BMI-Wert zwischen
19 bis 24 Jahre	19 bis 24
25 bis 34 Jahre	20 bis 25
35 bis 44 Jahre	21 bis 26
45 bis 54 Jahre	22 bis 27
55 bis 64 Jahre	23 bis 28
über 65 Jahre	24 bis 29

Liegt Ihr BMI in den angegebenen Bereichen, haben Sie Normalgewicht. Bei einem Wert über 30 besteht bei Menschen unter 45 Jahren hohes Übergewicht.

Der BMI gilt zur Zeit als der aussagekräftigste unter den schnell ermittelbaren Gewichtsindikatoren. Er korreliert nach Ansicht der Wissenschaft am engsten mit dem tatsächlichen Körperfettgehalt und ist der einzige Gewichtsparameter, der kleingewachsene Personen nicht benachteiligt. Daher wird er auch immer häufiger als Richtwert in der Diättherapie und bei Kontrolluntersuchungen genutzt.

Richtwerte für das Normalgewicht haben längst nicht mehr die Gültigkeit von Geboten; sie sind lediglich Werte, die zur Orientierung dienen.

Normal- und Idealgewicht haben ausgedient

Eigentlich sollte es an der Zeit sein, dass der BMI auch im Privaten die Oberhand gewinnt und die veralteten Maße von Normal- und Idealgewicht vergessen lässt. Wenn es um die Beurteilung des Körpergewichts von Kindern geht, ist allerdings auch der BMI nicht aussagekräftig. Die Normbereiche, die für Erwachsene Gültigkeit besitzen, stimmen nicht in jedem Fall für Kinder, denn der BMI variiert relativ stark mit dem Alter. Der für Erwachsene gültige BMI eignet sich erst für Jugendliche ab einem Alter von etwa 16 Jahren.

Für Kinder gelten deshalb in Sachen Beurteilung des Körpergewichts völlig eigene Maßstäbe. Ihre Referenzwerte sind nicht – wie beim Erwachsenen – mit Formeln errechenbar, sondern es sind Erfahrungswerte, die in Messreihen und Untersuchungen mit normalgewichtigen Kindern ermittelt wurden.

Gemessen wurden über zehn Jahre hinweg jeweils die Größe und das Gewicht von gesunden Säuglingen und Kindern. Diese Daten wurden in Tabellen oder Graphiken – so genannte Somatogramme – als Referenzwerte eingetragen.

Das Somatogramm

Zur Kontrolle, ob der Nachwuchs den Normen entspricht, steht daher an erster Stelle der Griff zum Maßband. Anhand der Größe kann im Somatogramm ermittelt werden, in welchem Bereich sich das Gewicht wiederfinden sollte. Der Blick auf die Waage schafft schließlich Gewissheit: Liegt das Gewicht innerhalb der Referenzwerte, ist alles in Ordnung. Wenn mehr Kilos auf die Waage gebracht werden, als der Toleranzbereich der Richtwerte erlaubt, ist das Kind zu dick oder es hat zumindest eine Tendenz zu Übergewicht. Spätestens dann müssen Sie sich mit dem Thema auseinander setzen. Scheuen Sie sich nicht, einen Arzt aufzusuchen.

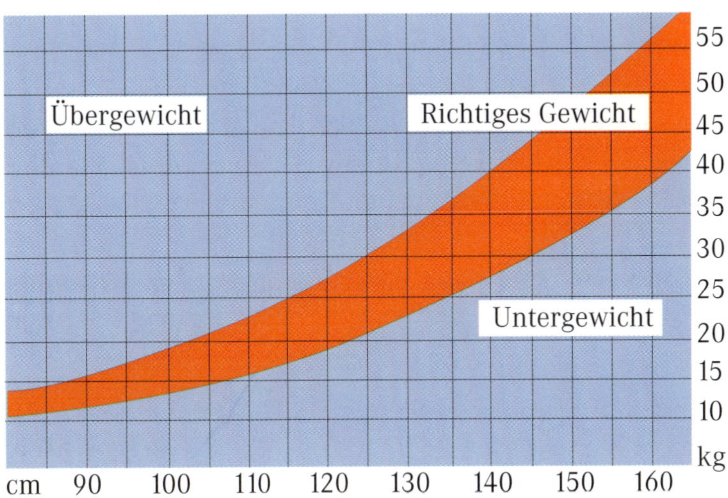

Mithilfe eines Somatogramms ist schnell ermittelt, ob Ihr Kind das richtige Gewicht hat. In jeder Größenkategorie gibt es eine untere und eine obere Gewichtsgrenze. Erfreulich: Durch die Toleranzbreite findet auch ein schmaler oder stämmiger Körperbau angemessene Berücksichtigung.

Somatogramme bieten eine schnelle und einfache Möglichkeit, sich anhand von Richtgrößen über die Frage »dickes oder dünnes Kind« Klarheit zu verschaffen.

Früher waren die Werte für das erlaubte Gewicht und die richtige Körpergröße noch sehr eng an das jeweilige Alter und Geschlecht gekoppelt. Mittlerweile hat man erkannt, dass diese Einteilungen die Einschätzung unnötig erschweren, aber keinesfalls genauere Informationen bieten.

Das richtige Gewicht – eine Frage des Geschmacks?

Wer dick ist, ist unschön, unförmig, unbeweglich, unsportlich, ungesund usw. Die Reihe von Unwörtern, die den Körperzustand von Dicken angeblich so treffend beschreiben, könnte bestimmt noch um zahlreiche Begriffe ergänzt werden. Eines sollte jedoch klar sein: Das eine oder andere Attribut mag auf einzelne Übergewichtige zutreffen, die meisten der Behauptungen sind jedoch »dicke« Vorurteile!

Dicke werden in der Gesellschaft nicht selten diskriminiert. Leider muss, wer nicht rank und schlank den aktuellen Schönheits- und Erfolgsidealen unserer Gesellschaft entspricht, so manche Verbalattacke über sich ergehen lassen.

Genetische Veränderungen

Die weit verbreitete Annahme, Übergewichtige seien willensschwache oder gewissenlose Personen, die aufgrund mangelnder Selbstdisziplin nicht in der Lage sind, ihre körperliche Form in Schuss zu halten, ist inzwischen wissenschaftlich eindeutig widerlegt. Jeder sollte wissen: Übergewicht hat viele Ursachen, vor allem spielt die genetische Veranlagung eine wesentliche Rolle. Neben den vielen eigenständigen Merkmalen eines Menschen programmieren die Gene den Körper nämlich ganz individuell auf sein persönliches Wohlfühlgewicht (englischer Fachausdruck: set-point). Dieses Gewicht liegt bei dem einen höher, bei dem anderen niedriger. So ist es z.B. durchaus möglich, dass ein Kinder pummeliger oder stämmiger ist

Übergewicht hat viele Ursachen. Auch die genetische Veranlagung spielt eine Rolle.

als ein anderes Kind, obwohl beide von den gleichen Eltern abstammen und sich kaum Unterschiede in den Ess- und Lebensgewohnheiten feststellen lassen. Finden Sie deshalb das persönliche Wohlfühlgewicht Ihres Kindes heraus und akzeptieren Sie es.

Wenn Sie jetzt glauben, Ihr Kind sei zu dick, bewahren Sie Ruhe. Überhasteter Aktionismus, Diätpläne und andere qualvolle Einschränkungen sind wenig hilfreich. Besser: Orientieren Sie sich erst einmal, welche Maßnahmen Ihrem Kind wirklich helfen können.

Beim individuellen »set-point« ist der Körper nach seinen Bedürfnissen am besten versorgt und es besteht die höchste Lebenserwartung.

Gesundes Gewicht – Speckpolstermessung beim Arzt

Wenn ein Kind nach dem Somatogramm als zu dick eingestuft wird, jedoch Zweifel bestehen, wie ernst die Situation zu beurteilen ist, dann kann wohl am ehesten der Kinderarzt weiterhelfen. Dieser verfügt zumindest über eine der verschiedenen Spezialmethoden, um normale Speckreserven von übermäßigen, krankhaften Fettpolstern zu unterscheiden. Außerdem können beim Arzt auch gleich noch Blutdruck und Cholesterinspiegel gemessen werden. Beides sind wichtige Gesundheitsparameter, die bei krankhaftem Übergewicht leicht aus dem Lot geraten können. Für Kinder sind aus Gründen der Prophylaxe bereits von den ersten Lebensmonaten an ärztliche Vorsorgeuntersuchungen vorgesehen. Die Termine sollten auf jeden Fall wahrgenommen werden. Auf diese einfache Art und Weise können sich Eltern um so manche Ungewissheit und Sorge erleichtern.

WICHTIG

Gehen Sie bereits in den ersten Lebensmonaten Ihres Kindes regelmäßig zum Kinderarzt. So manches »Problemchen« kann so frühzeitig entdeckt werden.

Messung mit dem Kaliper

Eine beliebte Methode, die Körperzusammensetzung von Menschen – speziell von Kindern – zu beurteilen, ist die Messung der Hautfaltendicke. Das Unterhautfettgewebe macht durchschnittlich etwa 50 bis 70 Prozent des gesamten Körperfettdepots aus. Daher sind Rückschlüsse auf den Gesamtfettgehalt des Körpers möglich. Gemessen wird die Hautfaltendicke nach einer standardisierten Methode an sechs bestimmten Stellen des Körpers: an der Oberseite und Unterseite des Oberarmes, am Rücken unterhalb des Schulterblattes, am Brustkorb in Höhe der zehnten Rippe, am Bauch zwischen Hüftbeinkamm und Nabel sowie am Oberschenkel auf zwei Drittel Höhe. Mithilfe der gemessenen Durchschnittswerte und einer komplizierten Formel wird der Körperfettgehalt errechnet. Die Messung sollte ausschließlich von geschultem Personal durchgeführt werden, da sich bei der Untersuchung viele Fehler einschleusen und die Ergebnisse verfälscht werden können.

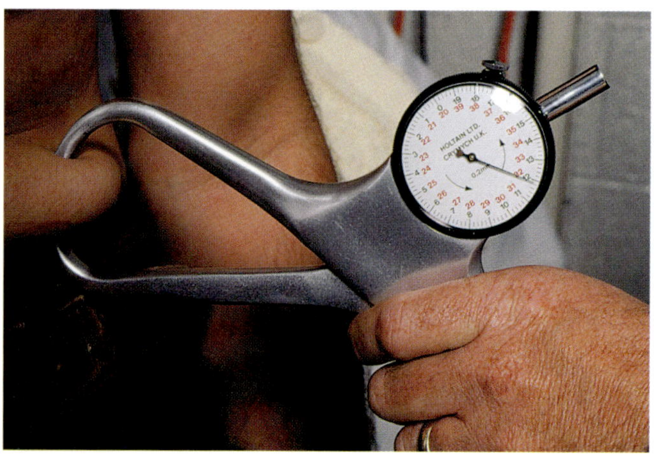

Mit einem speziellen Gerät, dem Kaliper, misst der Kinderarzt die Speckfalten seiner kleinen Patienten bei den normalen Vorsorgeuntersuchungen.

Bioelektrische Impedanzanalyse (BIA)

Als relativ neue Methode der Körperfettmessung wird seit einigen Jahren die Bioelektrische Impedanzanalyse (BIA) angeboten. Die BIA beruht auf einem relativ einfachen Prinzip. Ein schwacher Strom von etwa 800 Mikroampere wird mit einer Frequenz von 50 Kilohertz durch den Körper geschickt. Der dabei messbare elektrische Widerstand lässt Rückschlüsse auf den Körperfettanteil zu. Fettgewebe leitet Strom schlechter als andere, wasserreiche Gewebe.

Von der BIA erhofft man sich noch genauere und vor allem zuverlässigere Werte über die Körperzusammensetzung. Noch ist die BIA allerdings nicht bei allen Ärzten akzeptiert, denn es fehlen noch Normen und Standards für ihre Durchführung. Ein weiterer Nachteil: Die Ergebnisse sind stark vom Wassergehalt des Körpers abhängig. Sportliche Anstrengungen, Flüssigkeitsverluste, der Zeitpunkt des letzten Toilettengangs oder Alkoholgenuss sind nur einige der Faktoren, die deshalb bei der Durchführung der BIA beachtet werden müssen.

Die Bioelektrische Impedanzanalyse ist vollkommen ungefährlich. Sie kann sogar bei Menschen, die einen Herzschrittmacher tragen durchgeführt werden. Bis sie als Standardmethode zur Körperfettmessung anerkannt wird, kann allerdings noch einige Zeit vergehen, da ihre Zuverlässigkeit nach wissenschaftlichen und medizinischen Gesichtspunkten noch nicht ausreichend belegt wurde.

Sowohl der Bioelektrischen Impedanzanalyse als auch der Infrarot-Reflexionsmessung fehlt bislang der wissenschaftliche Segen. Beide Methoden sind jedoch ungefährlich. Scheuen Sie sich nicht, Ihren Kinderarzt danach zu fragen.

Infrarot-Reflexionsmessung (IR)

Eine ebenfalls schmerzfreie und leicht durchführbare Messmethode zur Bestimmung des Körperfettgehalts ist die Infrarot-Reflexionsmessung (IR). Ihre Ursprünge hat die IR in den Labors der Lebensmitteluntersuchung. Getreide und Fleisch wurden mit ihrer Hilfe schon seit langem auf ihre Zusammensetzung hin untersucht. Das Prinzip: Aus einer Lichtquelle wird Infrarotstrahlung in das zu untersuchende Gewebe geschickt. Der standardisierte Untersuchungspunkt liegt am Bizeps des Oberarms. Die reflektierte Strahlung ist abhängig vom Fett- und Proteingehalt. Von einem Sensor wird die Reflexion exakt gemessen; über ein Computerprogramm kann anschließend die Dichte des Körpers sowie seine Zusammensetzung errechnet werden.

Ebenso wie die BIA gibt es für die Infrarot-Reflexionsmessung noch keine gesamtwissenschaftliche Anerkennung. Der große Vorteil der IR gegenüber der BIA: Sie ist nicht vom Wassergehalt abhängig und daher unter normalen Bedingungen viel einfacher und jederzeit durchführbar.

Kinder wachsen in Wellen

Die stärkste Wachstumsphase beginnt unmittelbar nach der Geburt und dauert etwa drei Jahre. Der so genannte Babyspeck ist jedoch kein Grund zur Besorgnis: Er ist normal, Ihr Kind völlig gesund. Der Speck verliert sich in den folgenden Jahren von selbst.

Kinder sollen wachsen. Das tun sie denn auch – und zwar meist nicht zu knapp. Schnell wird aus dem winzigen Säugling ein stattliches, pausbäckiges Kleinkind. Das Geburtsgewicht ist meist schon nach vier, spätestens nach sechs Lebensmonaten verdoppelt; mit einem Jahr bringen Babys im Schnitt bereits neun bis zehn Kilogramm auf die Waage. Die Körperlänge wächst in der Regel nicht ganz so schnell mit. Liegt die Geburtsgröße schon bei etwa einem halben Meter, so ist nach einem Jahr erst die Dreiviertelmetermarke erreicht. In den ersten beiden Lebensjahren wird reichlich Babyspeck angelegt. Besorgten Eltern sei ausdrücklich gesagt: Keine Angst, Ihr Kind ist nicht zu dick.

Im Gegenteil: Der Babyspeck ist sogar absolut notwendig. In den nächsten Jahren dient das Fettdepot als ergiebige Energiequelle für das rasend schnelle Wachstum und eine ungestörte Entwicklung. Spätestens bis zum vierten Lebensjahr verschwinden die Babyspeckpölsterchen von ganz allein – vorausgesetzt natürlich, das Kind wächst normal auf, hat genug Bewegung und wird angemessen ernährt.

Dicke Phasen – dünne Phasen

Es gibt wohl kaum jemanden, der während seiner Kindheit nicht mit Worten des Erstaunens oder voller Besorgnis von Tante oder Oma oder anderen Verwandten begrüßt worden wäre. Die bekannten Sprüche halten sich auch heute noch mit Beharrlichkeit und dafür gibt es einen guten Grund: Im Alter von vier bis sieben Jahren und nach dem zehnten Lebensjahr machen Kinder meist einen gewaltigen Schuss in die Höhe. Die Gewichtszunahme hinkt den Phasen des Längenwachstums allerdings meist ein wenig hinterher. Auf die Eltern und vor

»Mensch, bist du groß geworden!«, »Kind, bist du schmal!« – Lassen Sie sich von den Kommentaren und Entsetzensschreien von Omas und Tanten nicht verunsichern: Vor allem in den Wachstumsphasen ändert sich die Körperzusammensetzung je nach Alter sehr stark. Dies ist jedoch völlig normal und natürlich.

WACHSTUMSPHASEN VON KINDERN

* Bis 5 Monate: Bei Babys erfolgt das Längen- und Breitenwachstum relativ gleichmäßig. Das Baby legt sich allerdings in den ersten Monaten ein Speckpolster zu (Babyspeck).
* 6 Monate bis 1 Jahr: Das Wachsen vollzieht sich langsamer, auch die Gewichtszunahme ist gebremst. Mit dem Krabbeln und Beginn des Laufens wird der Babyspeck allmählich durch Muskeln ersetzt.
* 2 bis 4 Jahre: Das Kind geht vornehmlich in die Breite. Manche Kinder wirken sogar ausgesprochen pummelig und dick.
* 5 bis 7 Jahre: Das Kind macht einen gehörigen Schuss in die Länge. Zehn Zentimeter und mehr pro Jahr sind keine Seltenheit. Manche Kinder sehen dadurch richtig dünn aus.
* 8 bis 10 Jahre: Das Längenwachstum wird geringer, jetzt wird das Kind breiter.
* 11 bis 13 Jahre: Eine neue Phase des Längenwachstums beginnt. Sie kann bis über das 16. Lebensjahr hinaus anhalten. Manchmal setzt sie erst mit 13 ein und endet mit 18. Das Breitenwachstum folgt nur unvollkommen.

allem die lieben Verwandten, die sich nur von Zeit zu Zeit zu Besuch anmelden, wirken die Kinder dann unterernährt und viel zu dünn.

Selbst wenn für einige Wochen das Gewicht des Sprösslings die Referenzwerte unterbieten sollte, ist dies kein Grund, die Essensportionen gleich zu verdoppeln, denn die Phasen raketenartigen Wachstums sind vollkommen normal. Bedenklich wird es erst, wenn sich das geringe Gewicht über mehrere Monate hält.

Dicke Kinder können das Längenwachstum gut nutzen, um ihr Gewicht den Referenzwerten näher zu bringen. Wenn während der starken Wachstumsphase keine zusätzlichen Pfunde mehr hinzukommen, sondern das Gewicht weitgehend konstant gehalten wird, kommt man dem Wunschgewicht bereits ein gutes Stück näher. Dies ist allemal gesünder und Erfolg versprechender, als sich später mühevoll Fettpolster abzuhungern.

Krank durch zu viel Körperfett?

Übergewicht ist die Ursache bzw. der Auslöser zahlreicher so genannter Wohlstandskrankheiten, z. B. Diabetes mellitus, Bluthochdruck oder Herz-Kreislauf-Erkrankungen. Dies wurde durch zahlreiche Studien und Untersuchungen eindeutig belegt.

Krankenkassen, Ernährungsmediziner und Diätberater drohen in ständiger Wiederholung: Übergewicht macht krank. Und sie zitieren unzählige wissenschaftlichen Studien. Aus den Reihen der Übergewichtigen wird immer lauter dagegengehalten und energisch widersprochen. Der Verein Dicke e.V. unterstellt den ständigen Warnungen sogar, sie wären eine geschickte Manipulation von Diätbranche und Pharmaindustrie.

1996 meldeten die deutschen Medien dann schließlich: »Mit mehr Pfunden lebt man länger«. Zitiert wurden Ergebnisse amerikanischer und skandinavischer Studien, die belegten, dass bei einem Body-Mass-Index von 28 die längste Lebensdauer zu erwarten sei. Die Verwirrung war komplett. Was ist nun tatsächlich dran, an den vermeintlich negativen Folgen von Übergewicht?

Alarmierende Zahlen

»Deutschland ist noch vor den USA Weltmeister im Übergewicht«, meldet Prof. Dr. Johannes Georg Wechsler aus München. Nach bevölkerungsstatistischen Erhebungen sind in Deutschland rund 37 Prozent der Männer und 34 Prozent der Frauen übergewichtig. Im Vergleich zu den Achtzigerjahren hat sich die Anzahl der Dicken in Deutschland mittlerweile verdoppelt. Auch bei Kindern hat die Dickleibigkeit stark zugenommen. Bereits acht bis zwölf Prozent der Achtjährigen sind adipös. Und der »dicke« Trend setzt sich weiterhin fort.

Übergewicht – Zivilisationskrankheit und Ursache vielerlei Beschwerden.

Zahlreiche Wohlstandskrankheiten

Es gibt tatsächlich zahlreiche Hinweise dafür, dass Übergewicht eine Vielzahl so genannter Wohlstandserkrankungen begünstigt. Die Adipositasforscher haben herausgefunden, dass bei starkem Übergewicht der Diabetes mellitus zwanzigmal häufiger auftritt als bei Normalgewicht. Das Gallensteinrisiko adipöser Menschen liegt zehnfach und die Wahrscheinlichkeit von Herz-Kreislauf-Erkrankungen liegt dreifach höher. Auch Bluthochdruck kommt etwa viermal häufiger bei dickeren als bei schlanken Menschen vor. Übergewichtige fallen in der Statistik mit einer höheren Zahl von Brust- und Dickdarmkrebserkrankungen auf. Und damit nicht genug: Dicke haben doppelt so häufig Probleme mit dem Rücken, den Bandscheiben und den Gelenken wie Normalgewichtige.

Übergewicht ist weltweit auf dem Vormarsch. Vor allem in den Industrienationen nimmt die Zahl der Dicken ständig zu. Die Spitzenplätze mit den meisten Dicken halten die Bundesrepublik und die USA.

Prüfen Sie einmal Ihre Lebens- und Essgewohnheiten:

- *Sitzen Sie sehr viel, im Büro, vor dem Fernseher?*
- *Treiben Sie Sport?*
- *Bewegen Sie sich regelmäßig?*
- *Essen Sie fettreich?*
- *Essen Sie viel Gemüse und Salat?*
- *Naschen Sie häufig Süßes?*

Viele Faktoren spielen eine Rolle

Die nüchternen Zahlen der medizinischen Forschung bergen düstere Aussichten für Betroffene, die trotz ernsthafter Bemühungen nicht von ihrem Kiloberg herunterkommen, da ihre Gene es nicht zulassen. Ganz so hoffnungslos, wie es scheint, ist die Angelegenheit jedoch nicht: Überreichliche körpereigene Fettpolster sind nicht die alleinige Ursache gesundheitlicher Miseren. Entscheidend für den Gesundheitszustand sind vielmehr die alltäglichen Lebensumstände. Drei Beispiele: Verbringen Sie den Tag sitzend am Arbeitsplatz oder vor dem Fernseher, dann ist es kein Wunder, dass sich Ihre Knochen zurückbilden. Ernähren Sie sich fettreich, essen Sie viel Fleisch und wenig Gemüse oder Salat, dann ist Arterienverkalkung eine wahrscheinliche Folge. Naschen Sie ständig Süßigkeiten, droht vielleicht Zuckerkrankheit.

ÜBERGEWICHT KANN SCHWERWIEGENDE FOLGEN HABEN

- Chronische Polyarthritis (Rheuma)
- Arthrose
- Gicht
- Osteoporose
- Herzinfarkt
- Schlaganfall
- Krampfadern
- Venenschwäche
- Hämorrhoiden
- Thrombosen
- Ödeme

Dick ist nicht gleich dick

Wenn es um die Gesundheitsgefährdung durch Adipositas geht, gibt es klare Fakten: Je stärker das Übergewicht, desto höher liegen die gesundheitlichen Risiken. Für Erwachsene wird beispielsweise ein BMI von 25 bis 30 als noch nicht behandlungsbedürftig eingestuft, wenn nicht zusätzlich ungünstige Faktoren, z. B. stark erhöhter Cholesterinspiegel, Bluthochdruck, die Gesundheit beeinträchtigen.

Spätestens bei einem BMI von 30 und mehr würden sich allerdings gesundheitliche Schäden einstellen – behauptet die medizinische Forschung. Sitzt dagegen nur wenig überflüssiger Speck auf den Rippen, bestehen bessere Chancen, nicht chronisch krank zu werden. Bei Kindern sind direkte gesundheitliche Konsequenzen, beispielsweise Rücken- und Kniegelenksschmerzen, in der Regel erst bei extremem Übergewicht spürbar.

Die Grenze, ab wann Übergewicht bei Kindern behandelt werden sollte, ist wissenschaftlich bislang nicht einheitlich festgelegt. Viele Therapiezentren für adipöse Kinder und Jugendliche legen als Voraussetzung für einen Therapiebeginn ein Übergewicht von mindestens 50 Prozent über Normalgewicht zu Grunde.

Krankhaft dick – wo liegt die Grenze?

»Ob ein Patient krankhaft dick ist, hängt von Alter, genetischer Disposition, Geschlecht und sonstigen Risikofaktoren ab«, sagt Professor Hans Hauner von der Universität Düsseldorf. »Die Grenze ist individuell unterschiedlich«. Einen BMI von über 30 pauschal als Übergewicht mit hohem Gesundheitsrisiko zu bezeichnen, ist deshalb nicht angebracht. Genauso gut kann Übergewicht unter einem BMI-Wert von 30 bereits Krankheiten auslösen.

Das Alter ist maßgebend

Was oft aus Unwissenheit nicht bedacht wird: Legt man sich erst im Rentenalter ein etwas größeres Speckpolster zu, dann ist das gar nicht so tragisch. Kritischer ist es dagegen, wenn schon in jungen Jahren massive Fetteinlagerungen den Körper und seinen Stoffwechsel aus dem Gleichgewicht bringen. Wohlstandskrankheiten befallen den Körper schleichend und bleiben sehr lange unbemerkt.

Mehr als 80 Prozent der dicken Kinder sind auch als Erwachsene dick. Im Kindesalter stehen die Chancen, ein gesünderes Körpergewicht zu erreichen, allerdings immer noch am besten!

Alle Kinder sollten täglich frisches Obst und Gemüse essen. Dies ist die beste Grundlage für eine Versorgung mit lebensnotwendigen Vitaminen und Mineralstoffen, die für eine erfolgreiche Immunabwehr notwendig sind. Ansprechend zubereitet – beispielsweise Apfel, Birne oder Orange in kleine Stückchen zerlegt – wird Obst auch von Kindern als Alternative zu Süßem akzeptiert.

Kinder spüren deshalb häufig noch keine großen gesundheitlichen Beeinträchtigungen, die Folgen des langjährigen Übergewichts zeigen sich meist erst im Erwachsenenalter. Lassen Sie sich deshalb nicht von einer scheinbaren Beschwerdelosigkeit Ihres Kindes täuschen.

Dicke Kinder – häufig krank?

Früher galt noch die Devise: rundes Kind – gesundes Kind. Die Erfahrungen der älteren Generationen in allen Ehren, aber bei allzu rundlichen Kindern ist es gar nicht gut um die Gesundheit bestellt. In Untersuchungen an schwergewichtigen Jugendlichen wurde festgestellt, dass ihr Immunsystem schlechter funktioniert als das ihrer normalgewichtigen Altersgenossen. Die Zahl der immunologischen Abwehrzellen war in Einzelfällen sogar bis auf die Hälfte reduziert. In Tierversuchen fanden Forscher heraus, dass übergewichtige Mäuse verkleinerte Immunorgane – z.B. Milz und Thymusdrüse – besitzen und dadurch eine geringere Menge an Immunzellen produzieren. Erfahrungswerte aus der klinischen Praxis weisen ebenfalls darauf hin, dass Dicke häufiger an Infekten der Atemwege erkranken als der Durchschnitt der Bevölkerung.

Knochen: Krumm und porös

Übergewichtige Kinder bewegen sich meist viel zu wenig. Das ist verständlich, da jede Muskelbewegung immer auch mit dem Heben von Gewicht verbunden ist. Der Schulsport ist häufig das Einzige, was den rundlichen Nachwuchs überhaupt noch auf Trab bringt. Häufig wird auch dieser Bewegungszwang mit allen Mitteln umgangen: Entweder wird die Sportbekleidung vergessen oder es stören starke Bauch- oder Kopfschmerzen. Die Ausreden sind vielfältig.

Die Folge des Bewegungsmangels: Wichtige Muskelpartien und Knochen, die für eine gesunde Körperhaltung unbedingt nötig sind, können sich nur mangelhaft entwickeln. Einzelne Knochen werden überbeansprucht, andere dagegen fristen ein nahezu nutzloses Dasein. Dadurch verformen sie sich, oder sie entwickeln sich nicht so vollkommen, wie eigentlich vom genetischen Bauplan vorgesehen. X-Beine sind bei dicken Kindern keine Seltenheit. Platt-, Spreiz- oder Senkfüße und andere Fußfehlstellungen sowie Wirbelsäulen- und Kniegelenkprobleme kommen ebenfalls häufig vor.

Ein zusätzliches Problem: Werden Muskeln nicht bewegt und Knochen nicht ausreichend belastet, dann lagern sie weniger Substanz ein. Das Resultat: Die Knochen werden später porös und brüchig. Knochenschmerzen und Knochenbrüche, die ersten Anzeichen von Osteoporose, können auftreten.

Kinder sind bei der Formulierung von Ausreden, um sich z. B. vor dem Sportunterricht zu drücken, äußerst erfinderisch. Unterstützen oder bestärken Sie Ihr Kind keinesfalls in seinem Verhalten. Versuchen Sie ihm »diplomatisch« klarzumachen, warum gerade der Sportunterricht besonders gut ist.

Extrem dick macht atemlos

Der Münchner Kinderarzt Professor Berthold Koletzko warnt: »Es gibt Kinder, die kaum noch gehen können.« Diese Kinder haben außerdem Probleme beim Schlafen, weil das nach oben gedrängte Zwerchfell die Lunge einengt. Nachts bekommen sie zu wenig Luft und wachen am Morgen mit Kopfschmerzen und Konzentrationsstörungen auf.

Dicke Kinder klagen morgens häufig über Kopfschmerzen und Konzentrationsschwierigkeiten.

Rund 50 Prozent der adipösen Kinder bleiben auch als Erwachsene übergewichtig. Daher ist die frühzeitige Behandlung von Übergewicht – vor allem im Hinblick auf schwerwiegende Erkrankungen im Erwachsenenalter – unbedingt notwendig.

Wissenschaftler bangen um Kinderherzen

Bluthochdruck und Arteriosklerose gelten generell als typische Probleme alter Menschen. Dies ist ein verhängnisvoller Irrtum. Hohe Cholesterinwerte, Bluthochdruck und beginnende Arteriosklerose können auch junge Herzen schwer belasten. Vorsorgeuntersuchungen haben ergeben: Der Blutdruck ist je nach Altersgruppe bei etwa ein bis fünf Prozent unserer Kinder und Jugendlichen bereits krankhaft erhöht.

Im Alter von sechs bis elf Jahren gilt ein Blutdruck von 135/80 mmHg, im Alter von 12 bis 18 Jahren von 140/90 mmHg als kritischer Grenzwert. Noch alarmierender sind Meldungen anderer Untersuchungen, nach denen bereits 17 Prozent der Kinder bedenklich hohe Cholesterinspiegel – teilweise sogar über 200 mg/dl – aufwiesen.

Ein erhöhter Cholesterinspiegel in Kombination mit Bluthochdruck ist der entscheidende Faktor, der arteriosklerotische Gefäßschäden nach sich zieht. Untersuchungen an amerikanischen Kinder zeigten bei 20 Prozent der ein- bis fünfjährigen und bei sogar 50 Prozent der fünf- bis zehnjährigen Kinder erste Anzeichen krankhafter Arterienverengung. Übergewichtige Kinder gelten als besonders gefährdet, wenn sie sich ungesund ernähren und nur ungern bewegen.

NORMALWERTE FÜR BLUTDRUCK UND CHOLESTERIN IM KINDESALTER

Blutdruck	6–11 Jahre:	unter 135/80 mmHg
Blutdruck	12–18 Jahre:	unter 140/90 mmHg
Cholesterin		110–140 mg/dl

Die psychosozialen Folgen von Übergewicht

Übergewicht hat neben den gesundheitlichen Folgen noch weitere schwerwiegende Auswirkungen. Häufig treten bei Kindern und Jugendlichen soziale und psychische Aspekte in den

Vordergrund. Insbesondere pubertierende Jugendliche achten auf ihr Aussehen und das Äußere ihrer gleichaltrigen Freundinnen und Freunde.

Verlieren sie aufgrund ihres Übergewichts Spiel- oder Schulkameraden oder werden sie sogar aufgrund ihrer Körperfülle verspottet, kann dies psychische Störungen verursachen: Unsicherheit, Schüchternheit, Ängste und Depressionen können ausgelöst werden. Die Kinder und Jugendlichen werden zusehends in eine Außenseiterrolle gedrängt. Mit den dadurch entstehenden psychischen Problemen werden sie in der Regel nicht allein fertig.

Das Zehn-Punkte-Programm

Sie haben die Problematik erkannt und möchten für sich und Ihr Kind etwas ändern. Dann suchen Sie sich aus dem Zehn-Punkte-Programm für Sie wichtige Verhaltensmaßnahmen und Verhaltensänderungen heraus. Jeder Punkt verweist zielgerichtet auf Zusammenhänge, Hintergründe und Tipps zu diesem Thema.

Wenn Sie gemeinsam mit Ihrem Kind den Kampf gegen die überflüssigen Pfunde aufnehmen wollen, ist es besonders wichtig, einige Verhaltensregeln zu beachten. Das Zehn-Punkte-Programm gibt Ihnen hierfür die wichtigsten Tipps und Hinweise.

1 Werden Sie ein verlässliches Vorbild für Ihr Kind: Bewegen Sie sich, sooft Sie können. Gehen Sie kleine Wege grundsätzlich zu Fuß, auch bei schlechtem Wetter. Benutzen Sie die Treppe statt des Aufzugs oder der Rolltreppe. Legen Sie auch größere Strecken mit dem Fahrrad zurück.

2 Statten Sie Ihre Küche so aus, dass fette Nahrungsmittel verschwinden. Benutzen Sie Töpfe und Pfannen mit einer Beschichtung. Darin lässt sich fast alles ohne oder mit sehr wenig Fett zubereiten.

3 Berücksichtigen Sie die Wünsche Ihres Kindes bei der Zusammenstellung des Essens. Dies bedeutet jedoch nicht, dass Ihr Kind grundsätzlich bestimmen darf, was auf den Tisch kommt. Aber es sollte selbstverständlich seine Vorlieben und Anregungen äußern.

Besser als Schokolade und Chips zwischendurch: frisches, süßes Obst.

4 Schränken Sie den Kauf von Naschwerk, Knabbereien und Süßigkeiten ein. Legen Sie keine Vorräte an. Ein Lagerbestand im Haus verführt zur Nutzung. Beziehen Sie das Kind in das Abwägen über den Verzicht ein. Ein Beispiel: Anstelle von Schokolade sollte ein weniger kalorienreiches Genussmittel ausgewählt werden. Lassen Sie dazu das Kind aus drei Alternativen wählen.

5 Gestalten Sie zusammen mit Ihrem Kind den Einkaufszettel. Wägen Sie gemeinsam ab, was nicht nur gut schmeckt, sondern auch günstiger für das Gewicht ist. Bevorzugen Sie beim Einkauf kalorienarme Versionen, z. B. Camembert mit 30 Prozent Fett i. d. T. statt 60 Prozent Fett i. d. T.

6 Kochen Sie möglichst gemeinsam mit Ihrem Kind. Das macht Spaß und verhindert, dass die Zubereitung der Speisen ein Geheimnis bleibt. So lernt das Kind praxisnah den sparsamen Umgang mit Dickmachern. Voraussetzung ist allerdings, Sie kochen kalorienbewusst.

7 Verkleinern Sie generell die Portionsgrößen. Auch Erwachsene ohne Gewichtsprobleme schwelgen meist in üppigen Portionen. Bedenken Sie immer, dass Ihr Verhalten Vorbildfunktion hat. Je größer Ihre Portion ist, desto mehr will auch Ihr Kind.

8 Bleiben Sie gelassen. Regen Sie sich nicht auf, wenn Ihr Kind nicht alles isst, was es sich aufgelegt hat. Die Augen sind bekanntlich größer als der Magen. Lassen Sie auch zu, dass Ihr Kind sortiert und ungeliebte Zutaten an den Tellerrand legt. Akzeptieren Sie den eigenen Geschmack des Kindes.

Beziehen Sie Ihr Kind stets in Entscheidungsprozesse, z. B. Einkaufen, Speiseplan erstellen, mit ein. So lernt Ihr Kind leichter mit dem Thema Essen und Übergewicht umzugehen.

9 Drosseln Sie Ihren Fernsehkonsum. Schalten Sie Ihren Fernseher nur ein, wenn Sie unbedingt etwas sehen wollen. Vereinbaren Sie mit Ihrem Kind, dass täglich eine Stunde Fernsehen genügen muss. Lassen Sie es auswählen, welche Sendung es sehen möchte. Unterbreiten Sie Ihrem Kind Vorschläge, was es in der fernsehlosen Zeit unternehmen kann.

10 Suchen Sie Verbündete und Kontakt zu ähnlich Betroffenen. Helfen Sie Ihrem Kind zu mehr Selbstbewusstsein, indem Sie ihm zeigen, dass Dünnsein nicht alles bedeutet.

Eine Frage des Gleichgewichts

Seit ein paar Jahren weiß man: Die Veranlagung zu Übergewicht ist bei vielen Dicken quasi erblich vorprogrammiert. Aber: Ob reichhaltiges Essen, häufiges Naschen oder täglicher Fernsehmarathon – es gibt viele Faktoren, die zum Wachsen von Speckpolstern erheblich beitragen. Das Gute daran: Die meisten dieser verhaltensgesteuerten Grundübel sind aktiv beeinflussbar.

Nur in etwa einem Prozent der Fälle sind hormonelle Störungen für Übergewicht verantwortlich, z. B. Schilddrüsenfunktionsstörungen. Die »restlichen« 99 Prozent haben im Laufe ihres Lebens ihrem Körper zu viel »Gutes« zugemutet.

Die Sache mit den Kalorien

Dick wird nur, wer über längere Zeit mehr Energie durch Essen und Trinken zuführt, als er letztendlich verbraucht. Überflüssige Energie wird in Fettreserven angelegt. Das folgenschwere Resultat: Man wird dick. Aufgebraucht werden diese Reserven erst dann wieder, wenn der Körper über einen längeren Zeitraum mehr Kraftstoff benötigt, als er mit der Nahrung zugeführt bekommt.

Grobe Peilwerte für den Energieverbrauch

Besonders für Kinder, die zu Übergewicht neigen, kann es fatal sein, wenn sie langfristig mehr Energie bekommen, als sie eigentlich verbrauchen. Auch wenn 100 Kilokalorien Mehrzufuhr, beispielsweise aus einer Portion Karamellpudding,

30 Gramm Leberwurst oder 0,2 Liter Colagetränk, auf den ersten Blick nur gering erscheinen, auf Dauer werden durch dieses »kleine bisschen« überflüssige, störende Fettpolster genährt.

Der genaue individuelle Energieverbrauch eines Menschen kann im Labor mithilfe spezieller Messtechniken bestimmt werden. Eine Energieverbrauchsmessung wird allerdings meist nur im Rahmen wissenschaftlicher Studien durchgeführt. Für den Normalbürger ist so etwas natürlich viel zu aufwendig und daher leider nicht realisierbar.

Die Deutsche Gesellschaft für Ernährung (DGE) hat ihren Sitz in Frankfurt/M. Dort erhalten Sie auf alle Fragen rund um das Thema gesunde Ernährung eine Antwort. Die genaue Anschrift der DGE finden Sie auf Seite 124.

DGE-RICHTWERTE FÜR DIE TÄGLICHE ENERGIEZUFUHR BEI KINDERN

Alter	Mädchen	Jungen
1–3	1300 kcal	1300 kcal
4–6	1800 kcal	1800 kcal
7–9	2000 kcal	2000 kcal
10–12	2150 kcal	2250 kcal
13–14	2300 kcal	2500 kcal
15–18	2400 kcal	3000 kcal

So setzt sich der Energiebedarf zusammen

Jeder Mensch besitzt einen individuellen Grundumsatz, der zum Teil durch Alter, Größe, Körperbau und Geschlecht bestimmt wird. Dieser Grundumsatz wird meist als Ruheenergieumsatz, das heißt unter möglichst weitgehender Entspannung und Untätigkeit gemessen. Der Ruheumsatz macht bei Kindern etwa 60 bis 75 Prozent des gesamten Energieverbrauchs aus. Jede zusätzliche Anstrengung bei Arbeit, Sport und Spiel, im Grunde jede noch so alltägliche Bewegung verbraucht zusätzlich Energie. Die Wissenschaft bezeichnet die Summe aus Ruheenergieumsatz und Bewegungsenergie als Aktivitätsumsatz.

Dies sind jedoch noch nicht alle Faktoren, die den täglichen Energiebedarf bestimmen. Außerdem spielt nämlich auch die Verdauung der Nahrung eine Rolle. Denn die Verwertung des Essens ist für den Körper ein hartes Stück Arbeit. Immerhin 10 bis 15 Prozent des täglichen Energiebedarfs werden hierfür benötigt.

Kinder benötigen zusätzliche Energie für ihr Körperwachstum

Fachleute nennen die zusätzliche Verdauungsenergie postprandiale Thermogenese.

Untersuchungen an Säuglingen haben gezeigt, dass für die Synthese von einem Kilogramm Körpergewebe durchschnittlich 5000 Kilokalorien verbraucht werden. Deshalb eignen sich Wachstumsphasen ausgezeichnet zum Abnehmen. Es kann im Prinzip normal weiter gegessen werden. Die Wachstumsenergie wird dann aus den Fettreserven gespeist und die überflüssigen Speckpolster schmelzen dahin.

Ein Teufelskreis

Unserer Gesellschaft mangelt es an Bewegung. Tagtägliche Zwänge wie Schule und Beruf, aber auch eigene Motivationslosigkeit sowie das Angebot bequemer Entspannung vor dem Fernseher oder Computer, drängen das Gros der Kinder und Erwachsenen zu passivem Körperverhalten. Wenn weder Sport noch tägliche Freizeitaktivität noch energieraubende Alltagsbeschäftigungen die Muskeln und den Kreislauf herausfordern, dann baut der Körper nicht benötigte Muskelpartien Schritt für Schritt ab.

Untersuchungen haben gezeigt, dass der Leistungsumfang des menschlichen Muskelapparates auf etwa die Hälfte des optimalen Maßes sinkt, wenn tägliche Belastungen sich nur auf Büroarbeit, leichte Hausarbeit und ähnliche vorwiegend sitzende Tätigkeiten beschränken. Geringe Aktivität bedeutet geringen Energieverbrauch.

Schon bei normaler Kost gerät die Energiebilanz dann leicht aus dem Lot und überflüssige Kalorien werden in Fettzellen geschleust. Überwiegen erst einmal die Fettpölsterchen, und sind die Muskeln erst in der Minderheit, dann macht sich häufig zusätzliche Trägheit breit. Das ursprünglich angenehme Körpergefühl der energiegeladenen Bewegung kehrt sich dann sehr schnell ins Gegenteil: Bei jeder Tätigkeit werden sich Dicke ihrer großen Körperfülle unangenehm bewusst.

Körperliche Bewegung hat doppelten Nutzeffekt auf die Energiebilanz: Bei jeder Muskelbewegung wird Energie verbraucht, und je mehr die Muskeln »spielen«, umso mehr Muskelmasse wird aufgebaut. Je mehr Muskeln wiederum, desto höher ist der tägliche Grundumsatz. Fettgewebe spielt dagegen so gut wie keine Rolle für den Grundumsatz.

Um dieses unangenehme Gefühl zu vermeiden, schränken sie ihren Bewegungsradius immer mehr ein und der Teufelskreis schließt sich. Das »dicke« Ende sind Trägheit, Verlust an Bewegungsfähigkeit, Verlust an Lebensfreude und ein häufig nicht unerhebliches Übergewicht.

URSACHEN FÜR BEWEGUNGSUNLUST VON KINDERN UND JUGENDLICHEN

- Fernsehen
- Allgemeine Motivationslosigkeit
- Verlust des Körpergefühls
- Computerspiele

Gute und schlechte Futterverwerter

Was lange Zeit nur augenzwinkernd geäußert wurde und als Volksweisheit galt, ist heute längst anerkannte wichtige Erkenntnis der Wissenschaft und der Medizin: Es gibt tatsächlich gute und schlechte Futterverwerter.

Das Deutsche Institut für Ernährungsforschung in Potsdam hat beispielsweise herausgefunden, dass mindestens 15 Prozent der Adipösen in Deutschland gute Futterverwerter sind. Für diese Personen liegt der rechnerische Tagesenergieumsatz etwa um acht Prozent niedriger als für den Rest der Bevölkerung. Warum ihr Körper Nahrungsenergie besonders effizient nutzt, ist allerdings noch Gegenstand der Forschung.

Angenommen wird beispielsweise, dass sie bei der Verbrennung der energiereichen Nährstoffe weniger Wärmeenergie verlieren als schlechte Nahrungsverwerter.

Möglich ist auch, dass ein ganz bestimmtes Enzym, welches normalerweise immerhin 20 bis 50 Prozent des Grundumsatzes durch seine normale Tätigkeit beansprucht, bei guten Futterverwertern weniger aktiv ist und daher mehr Energie in Form von Fett konserviert werden kann. Als verantwortlich für die unterschiedlichen Stoffwechselbedingungen gilt jedenfalls das genetische Erbgut.

Energiearme Kindernahrung

Achten Sie bei geringer Energiezufuhr besonders darauf, das Essen Ihres Kindes möglichst vollwertig zu gestalten. Das heißt: jeden Tag frischen Salat, mittags zusätzlich frisch zubereitetes Gemüse, als Zwischenmahlzeit oder Nachtisch Obst, außerdem möglichst viele Vollkornprodukte anbieten.

Auch Milchprodukte als wichtige Kalziumquelle sollten Sie nicht vergessen. Wollen Sie Fett einsparen, dann können Sie fettreduzierte Waren kaufen. Ist die Nährstoffdichte der verzehrten Lebensmittel im Schnitt zu niedrig, läuft Ihr Kind Gefahr, zu wenig essenzielle Nährstoffe – Vitamine, Mineralstoffe, Spurenelemente – zu bekommen.

Die Energiezufuhr sollte durch möglichst ausgewogene und vollwertige Nahrung erfolgen. Vermeiden Sie auf alle Fälle Fastfood, Fertigprodukte, Tiefkühlkost und Süßes. Es gibt eine Vielzahl leckerer vollwertiger »Ersatzstoffe«.

Regler für eine angemessene Kalorienzufuhr

Nur wenn mehr Nahrungsenergie in den Körper gelangt, als verbraucht wird, entstehen Speckpolster. Die Energiezufuhr kann man ermitteln, indem man den Kaloriengehalt der gegessenen Nahrungsmittel addiert.

Das Kalorienzählen ist sicherlich eine zeitraubende, rechnerisch aufwendige Angelegenheit. Es gehört eine Menge Eigenmotivation dazu, tagtäglich aufzuschreiben, welche Lebensmittel und Naschereien in welchen Mengen verzehrt wurden.

Auch das anschließende Wälzen von Nährwerttabellen und das Aufsummieren der dort ermittelten Kalorienwerte erfordert einigen Arbeitsaufwand.

Dieser Aufwand lohnt sich jedoch. Ein über zwei bis vier Wochen geführtes Ernährungsprotokoll, in dem Sie und Ihr Kind alles auflisten, was gegessen wurde – auch kleine Pausensnacks nicht vergessen –, liefert Ihnen hilfreiche Anhaltspunkte für das Abnehmen und eine eventuell notwendige Ernährungsumstellung. Sie können durch einen Vergleich mit den Energiebedarfszahlen feststellen, wie reichlich Ihr Kind mit Energie versorgt wird. Außerdem können Sie erkennen, welche Nahrungsmittel mit niedrigem, mittlerem oder besonders hohem Energiegehalt zu Buche schlagen.

Abnehmen und addieren

Abnehmen heißt im Klartext: Dem Körper weniger Energie zuführen. Die fehlende Energie mobilisiert der Körper aus den Fettreserven. Besonders effektiv: Durch Bewegung der Muskeln werden die Fettpolster abgebaut.

Wer Fett abbauen möchte, muss für eine negative Energiebilanz sorgen. Das heißt, der Energiegehalt im Essen muss unter dem Energiewert liegen, den der Körper braucht. Wollen dicke Kinder abnehmen, können sie das leicht in Wachstumsphasen erreichen, indem sie so viel essen wie zuvor.

Allerdings, Wachstumsschübe dürfen nicht durch zusätzliches Essen unterstützt werden. Denn nur dann nutzt der Körper die ungeliebten Fettreserven als Energiequelle, um die negative Energiebilanz zu kompensieren. Hungergefühle halten sich dabei in Grenzen, wenn viel Gemüse, Obst und Vollkornprodukte, z. B. Müsli, auf der Speisekarte stehen.

Das Kalorienzählen eignet sich zur anfänglichen Orientierung, ob die tägliche Nahrungszufuhr zu reichlich ist oder nicht. Keinesfalls sollte die Kalorientabelle allerdings zur unerlässlichen Begleiterin werden, die tagtäglich bestimmt, wie viel Ihr Kind wovon essen darf. Denn die Natur hat prinzipiell viel besser dafür vorgesorgt, sodass wir stets erkennen, wo die Essgrenzen liegen.

Von Geburt an verfügt jeder Mensch über ein natürliches System von Hunger und Sättigung. Leider tricksen wir diesen natürlichen Regulationsmechanismus allzu häufig aus.

Die Portionen für unsere Kinder bemessen wir häufig an denen von Erwachsenen, sie sind also viel zu groß. Und schon in frühester Kindheit muss alles gegessen werden, was auf dem Teller liegt. Wir lassen unseren Kindern keine eigene Entscheidung über das, was sie ihrem Gefühl und Bedürfnis nach essen wollen. Die Erkenntnis, wann der Hunger wirklich plagt und wann die Sättigung einsetzt, wird dann bereits früh verlernt. Die Folgen: Es wird über den Hunger hinaus hineingeschlemmt, die Kalorien mehren sich und die Speckpolster wachsen.

Kinderportionen sollten sich keinesfalls an den Nahrungsmengen für Erwachsene orientieren. Überlassen Sie Ihrem Kind ruhig die Entscheidung, wie viel es essen will – das angeborene Regulationssystem von Hunger und Sättigung sorgt auf natürlichem Weg dafür, dass das Kind nicht zu viel isst.

GEFÜHLE FÜR HUNGER UND SÄTTIGUNG WERDEN FRÜH VERLERNT

- Wenn das Baby schon beim kleinsten Muckser an die Brust genommen oder mit dem Fläschchen versorgt wird. Lernen Sie zu erkennen, wann echter Hunger der Grund fürs Schreien ist. Wird jedes Unwohlsein des Kindes mit Nahrung »erstickt«, verliert das Kind schnell den eigentlichen Beweggrund fürs Essen aus den Augen.
- Wenn die Eltern aus Angst, das Kind bekäme nicht genug, ständig zum Mehressen auffordern. Besonders kleine Kinder können sich nicht gegen den Druck der Eltern wehren.
- Wenn das Kind erst einmal merkt, dass es durch tüchtiges Essen ein dickes Lob erhaschen kann, dann möchte es diesen positiven Effekt vielleicht lebenslang nutzen. Vielesser glauben nämlich häufig, es wäre unhöflich, Essen abzulehnen, auch wenn sie schon satt sind. Das bringt auf Dauer ein Zuviel an Kalorien.

Mmh, das schmeckt! – Aber keine Panik: Das angeborene Regulationssystem sorgt dafür, dass Junior nicht zu viel isst.

Gestörte Sättigungsmechanismen

Die hormonellen Regulationsmechanismen von Hunger und Sättigung sind äußerst komplex und variantenreich. Die genauen Abläufe und Wirkungsweisen einzelner Hormone und Botenstoffe sind bislang nur unzureichend erforscht.

In den letzten Jahren machten Wissenschaftler große Fortschritte bei der Erforschung der molekularbiologischen Mechanismen von Hunger und Sättigung. So ermittelten die Forscher beispielsweise, welche Gene für die Bildung des Botenstoffs Leptin verantwortlich sind.

Leptin ist nach dem derzeitigen Wissensstand ein wichtiges Hormon für die Sättigungsregulation. Es wird in den Fettzellen gebildet, in den Blutkreislauf abgegeben und an Rezeptoren (spezielle Andockstellen) im Gehirn angekoppelt. Auf diese Weise wird dem Gehirn vermittelt, wie viel Fettgewebe im Körper vorhanden ist. Akzeptiert das Gehirn die vermittelte Botschaft über den Fettzustand des Körpers als normal, dann entsteht ein Gefühl von Sattheit.

Bei vielen Dicken, so wird angenommen, funktioniert die Übertragung der Fettbotschaft über die Rezeptoren im Gehirn nicht einwandfrei. Deshalb wird das Hungergefühl nicht gebremst und es wird weiter gegessen, obwohl bereits überreichlich Fettreserven vorhanden sind.

Leptin ist allerdings nicht das einzige für die Hunger-Sättigungs-Regulation zuständige Hormon. Die Mechanismen sind komplex und vielfältig. So wurde ebenfalls in den letzten Jahren das Neuropeptid Y entdeckt, das im Prinzip genau den gegenteiligen Effekt des Leptins hat: Je mehr Neuropeptid Y im Gehirn wirksam wird, desto mehr Appetit entwickelt sich.

Welchen der erwähnten Hormone und Substanzen nun tatsächlich eine gewichtige Rolle für eine gestörte Hunger-Sättigungs-Regulation bei Dicken zugeschrieben werden kann, und ob über sie das Übergewicht besser therapierbar wird, müssen zukünftige Forschungen zeigen.

Pille gegen Speck – ein Wunschtraum

Eine Pille schlucken und schon purzeln die Pfunde, wäre das nicht fantastisch? Die Entdeckung des Sättigungshormons Leptin und seiner Wirkmechanismen im Tierversuch (an speziell gezüchteten Mäusen) schürte sowohl bei der Pharmaindustrie als auch bei informierten Übergewichtigen große Hoffnungen auf bequemes Abspecken per Pille.

Mittlerweile ist jedoch gewiss: Anders als bei den Versuchsmäusen bewirken Leptingaben beim dicken Menschen keinen wesentlichen Gewichtsverlust. Für Professor Jeffrey Friedman von der Rockefeller Universität, New York, Entdecker des genetischen Codes für das Sättigungshormon Leptin, steht deshalb fest: »Leptin selbst oder ein Medikament, das die Wirkung des Hormons beeinflusst, wird bei der Behandlung von Übergewicht stets nur eine Ergänzung zu anderen gewichtsreduzierenden Maßnahmen sein«.

Haben Sie den Eindruck, Ihr Kind hat kein angemessenes Gefühl dafür, wann es satt ist? Dann schränken Sie doch einfach einmal das mengenmäßige Angebot auf dem Esstisch von vornherein ein wenig ein. Gehen Sie mit gutem Beispiel voran: Überhäufen Sie Ihren Teller nicht, nehmen Sie besser nur kleine Portionen. Und vor allen Dingen: Planen Sie anstelle von drei üppigen Mahlzeiten am Tag mindestens fünf mäßige, das heißt zusätzlich zwei Zwischenmahlzeiten, ein.

Fettes Essen als Dickmacher Nummer eins

»Pommes mit Mayo« – lecker, aber ein ganz großer Dickmacher.

Bevor Sie oder Ihr Kind anfangen, Kalorien zu zählen – viel wichtiger als der absolute Kaloriengehalt ist der Fettgehalt der Lebensmittel. Denn die Fette sind die Dickmacher Nummer eins. Helfen Sie deshalb Ihrem Kind am Fett zu sparen.

Fett zieht Fett an

Dass ein Zuviel an Nahrung dick machen kann, wissen die meisten. Weitgehend unbekannt ist dagegen, dass Fette die hauptverantwortlichen Dickmacher unter den Nahrungsbestandteilen sind. Daher man kann es gar nicht häufig genug sagen: Fett macht fett. Und das nicht ohne Grund. Meist ist es übermäßiger Fettverzehr, der unsere Kalorienbilanz so richtig aus dem Gleichgewicht katapultiert.

Ein Gramm Fett birgt immerhin 9,3 Kilokalorien in sich. Das ist mehr als doppelt so viel Energie, wie in einem Gramm Kohlenhydrate oder einem Gramm Eiweiß steckt. Und außerdem: Nahrungsfette können, wenn sie nicht direkt zur Energiegewinnung oder zum Aufbau neuer Körperzellen genutzt werden, ohne großen Aufwand in die Fettzellenspeicher geschleust werden.

Ein Gramm Fett liefert dem Körper doppelt so viel Energie wie Eiweiß oder Kohlenhydrate. Zu viel aufgenommenes Fett wird vom Körper in Fettpolstern eingelagert.

Polster als Speicher

Alle über den täglichen Bedarf hinaus aufgenommenen Fette werden weder ausgeschieden noch über eine Steigerung der Fettverbrennung verwertet, sondern als zusätzliche Energiereserve in die Fettspeicher geleitet. Bei Kohlenhydraten und Eiweißen ist dieser direkte Weg ins Fettdepot nicht vorhanden. Sie müssen erst in aufwendiger und energieverbrauchender Aktion in Fette umgewandelt werden, damit ihre Energie langfristig speicherfähig wird.

Rein rechnerisch wird angenommen, dass für die Synthese von 30 bis 35 Gramm Körperfett immerhin ganze 100 Gramm Kohlenhydrate benötigt werden.

Das heißt, würden 100 Gramm Fett über den Energiebedarf hinaus gegessen werden, dann würde der Körper auch nahezu die gesamten 100 Gramm Fett in den Fettpolstern ansetzen. Wenn allerdings 100 Gramm Kohlenhydrate im Überfluss verzehrt würden, dann würden daraus maximal 35 Gramm Körperfett entstehen.

Fett ist reine Energie

- *1 Gramm Fett = 9,3 Kilokalorien (39 Kilojoule)*
- *1 Gramm Kohlenhydrate (Zucker) = 4,1 Kilokalorien (17 Kilojoule)*
- *1 Gramm Eiweiß = 4,1 Kilokalorien (17 Kilojoule)*

Das Körpergewicht und die Fettzufuhr

Die Differenz zwischen normaler und ungesunder Einnahme von Fett ist keineswegs so groß, wie meist angenommen wird. Ein tägliches Plus von etwa 13 bis 27 Gramm Fett verzehren Übergewichtige gegenüber Normalgewichtigen. Das entspricht etwa einer halben bis einer ganzen Tafel Schokolade.

Bestanden um die Jahrhundertwende noch 70 Prozent der Nahrung aus kohlenhydrathaltiger Kost und nur 20 Prozent aus tierischen Fetten, so sieht die Bilanz heute deutlich schlechter aus. Der Anteil der Kohlenhydrate ist gesunken und derjenige der tierischen Fette bedenklich gestiegen: Beide machen heute etwa 45 Prozent der Nahrungsmenge aus.

Durchschnittlich landen täglich 120 bis 140 Gramm Fett in bundesdeutschen Mägen. Das ist eindeutig zu viel. Die Deutsche Gesellschaft für Ernährung empfiehlt 60 bis 80 Gramm Fett pro Tag. Sie geht davon aus, dass nicht mehr als 25 bis 30 Prozent des Tagesenergiebedarfs in Form von Fett aufgenommen werden sollten. Der Istzustand, demzufolge die Deutschen sich stattdessen tagtäglich etwa 40 bis 45 Prozent der Energie in Form von Fett zu Gemüte führen, ist deshalb mehr als bedenklich. Denn die überflüssigen 15 bis 20 Energieprozent werden in die Fettdepots geschleust und eingelagert.

Ein Übermaß an Nahrungsfett führt außerdem zu Arteriosklerose und Belastungen des Herz-Kreislauf-Systems. Zusätzlich erhöht sich die Anfälligkeit für Krebserkrankungen.

Bereits Kinder essen zu viel Fett

Erhöhte Cholesterinspiegel sind bereits bei 5 bis 20 Prozent der Kinder und Jugendlichen zu beobachten.

Kinder schmieren sich die Butter häufig genauso dick aufs Brot, wie es ihre Eltern tun. Besonders Kinder Übergewichtiger nehmen gern deren Essgewohnheiten an. Bevor jemand deshalb den hohen Fettkonsum eines Kindes bemängelt, sollte er einmal darauf achten, wie tief er selbst ins Butterfass greift.

Bestimmt wird nicht jeder sofort dick, weil er zu viel Fett isst. Denn dann müsste es, betrachtet man den durchschnittlichen Fettkonsum, eine noch viel größere Anzahl an Übergewichtigen geben, als es bislang der Fall ist. Für die Verwertung der Fette scheint in gleichem Maße wie auch für die Frage der Energiebilanz das genetische Erbmaterial verantwortlich zu sein. Das heißt: Viele Dicke sind in Sachen Fetteinlagerung schlichtweg benachteiligt. Bei genetisch Vorbelasteten schlägt sich ein erhöhter Fettkonsum sehr viel schneller in wachsenden Fettpolstern nieder.

Kinder bekommen zu viel Fett ab

Darauf weisen zumindest die steigenden Zahlen übergewichtiger Kinder sowie der häufig im Kindesalter bereits erhöhte Cholesterinspiegel hin. Nach neuesten Empfehlungen sollten nur 30 Prozent des täglichen Energiebedarfs von Kindern durch Nahrungsfette gedeckt werden.

Umgerechnet heißt das: Je nach Alter liegt man mit 40 bis 80 Gramm Fett am Tag richtig. Für Kinder, die abnehmen wollen, gilt stets die Devise: Weniger ist besser. Denn nur, wenn Fettkalorien eingespart werden, geht es allmählich auch an die körpereigenen Fettreserven.

TAGESENERGIEBEDARF EINES KINDES

Tagesenergiebedarf in Kilokalorien	Empfohlene Fettkalorienzufuhr in Kilokalorien (ca. 30% des Tagesenergiebedarfs)	Empfohlene Fettzufuhr in Gramm
1300	390	42
1500	450	48
1800	540	58
2000	600	65
2300	690	74
2500	750	81
3000	900	97

Aber auch bei dicken Kindern ist eine Mindestmenge an Fett notwendig, da im Fett enthaltene Fettsäuren wesentliche Funktionen im Körper erfüllen. Ganz besonders wichtig ist es deshalb, die Qualität der Fette richtig zu wählen. Tierische Fette aus Fleisch, Wurst und Käse gelten als weniger wertvoll und sollten daher nicht so häufig verzehrt werden. Besser sind kaltgepresste Pflanzenöle wie Oliven- oder Distelöl.

Der Vorteil der Pflanzenöle gegenüber den tierischen Fetten: Sie enthalten eine Menge notwendiger essenzieller Fettsäuren, z.B. Linol- oder Linolensäure, die sich generell positiv auf die Gesundheit auswirken und gerade auch von Kindern in Phasen des Wachstums in höheren Anteilen benötigt werden.

Nicht nur die Quantität des Essens ist entscheidend, sondern in besonderem Maße auch die Qualität. Am wirkungsvollsten lassen sich überflüssige Rundungen durch eine Verminderung des Fettverzehrs verhindern.

Ein Virus, das dick macht

Forscher der Universität Wisconsin vermuten, dass ein Fettvirus namens Ad-36 bei jedem fünften Übergewichtigen die Ursache für übermäßige körperliche Fülle ist. Sie konnten die Antikörper für das Virus nämlich im Blut jedes fünften adipösen Patienten nachweisen. Bei nichtadipösen Kontrollpersonen konnte das Virus dagegen nicht ausfindig gemacht werden.

Auf welche Weise das Virus den Menschen dick macht, ist bislang noch ungeklärt. Auffällig ist, dass alle Fettvirusinfizierten einen niedrigeren Cholesterinspiegel aufweisen als Nichtinfizierte. Auch auf diätetische Maßnahmen scheinen die Virusinfizierten besser anzusprechen als der Durchschnitt der Adipösen. Der amerikanische Forscher Dr. Nikhil Dhurandhar nimmt an, dass bis 1999 ein Impfstoff gegen das Virus entwickelt sein wird. Ob eine Impfung tatsächlich einen ausreichenden Schutz vor Übergewicht darstellen kann, wird allerdings von verschiedenen Wissenschaftlern bereits bezweifelt.

Versteckte Fette

Auch wenn es noch so lecker schmeckt: Beim Abnehmen geht es auch ohne Sahnehäubchen auf dem Kuchen, Butterflöckchen in der Sauce oder köstlicher luftgetrockneter Salami. Wenn Ihr Kind abnehmen soll, müssen Sie in erster Linie die Fettzufuhr reduzieren.

Will man den Fettverzehr auf ein geringeres Maß reduzieren, dann ist das in der feinen Küche gar nicht so einfach. Fette und Öle sind wesentliche Zutaten unserer Speisen. Gerade Lebensmittel mit hohem Fettanteil munden uns meist ausgesprochen gut. Vielen gelten Fette daher als unverzichtbarer Geschmacksträger. Für sie gehört ein Butterflöckchen in die Sauce oder Suppe, eine Extrascheibe Salami aufs Brot und das Stück Kuchen schmeckt besonders lecker mit einem Schlag Sahne. Diese Gewohnheiten lassen das Fettkonto allerdings rasch überborden. Werte um die 100 Gramm Fett pro Tag werden dann schnell erreicht.

Zellen als Fettmagnet

Beim Abbau von Körperfett verlieren viele der über 30 Millionen Fettzellen ihren Fettinhalt. Die Fettzellen werden unter fettarmer Kost schlanker und sind weniger aufgebläht, bleiben jedoch grundsätzlich erhalten.

Enthält das Essen wieder mehr Fett, dann zögern die bereits vorhandenen Fettzellen nicht lange und nehmen dieses auf, um ihr altes Fettmaß wieder zu erreichen. Deshalb ist es wichtig, dass dicke Kinder lernen, wie sie ihren Fettkonsum dauerhaft und konsequent, aber ohne Gefühle des Verzichts in gesunden Grenzen halten können. Ansonsten droht ein Jo-Jo-Effekt, der Diätversuche häufig zum Scheitern bringt.

Versteckte Fette, verlockender Geschmack

Besonders tückisch wird es, wenn man gar nicht merkt und weiß, wo Fette enthalten sind. Nicht jedem Lebensmittel sieht man an, wie viel Fett es in sich birgt. Bei Butter, Margarine, Streichkäse und anderen Milcherzeugnissen ist es noch einfach, da der jeweilige Fettgehalt auf der Verpackung deklariert ist. Auch bei abgepackten Fertiggerichten und Süßigkeiten kann der Fettgehalt dank der Angaben auf der Verpackung leicht erkannt werden. Schwieriger ist es dagegen, den Fettgehalt bei fertigen Speisen im Restaurant oder an der Imbissbude sowie bei Lebensmitteln wie Wurst und Käse zu ermitteln. Oder wissen Sie, wie viel Fett eine Bratwurst enthält oder wie viel Öl Pommes frites in sich aufsaugen können?

Schon mit drei Portionen Pommes und eineinhalb Bratwürsten wäre das empfohlene tägliche Fettmaß von 60 bis 80 Gramm bereits voll. Eine Portion Pommes frites (ca. 150 Gramm) liefert immerhin 20 Gramm Fett und die Bratwurst schlägt mit 47 Gramm Fett zu Buche.

KNACKEN SIE DEN FETTCODE

Wollen Sie den Fettanteil eines Lebensmittels bestimmen?
Rechenweg: Fettgehalt (g) x 9,3 (kcal) = Fettkalorien (kcal)
Fettkalorien (kcal) ÷ Gesamtkalorien (kcal) x 100 = Fettkalorienanteil (in Prozent)
Liegt der prozentuale Anteil über 20 Prozent, dann sollten Sie das entsprechende Lebensmittel entweder absolut sparsam verwenden oder es gegebenenfalls durch andere Produkte ersetzen.

JO-JO-EFFEKT

Wird dem Körper weniger Energie zugeführt, drosselt er automatisch seinen Energieverbrauch. Nach dem Ende einer Diät schaltet der Stoffwechsel wieder um: Schnellstmöglich werden Fettpolster angelegt, um für die nächste Hungerkur gerüstet zu sein. Der Körper stellt sich auf Ihre Diäten ein und verwertet die Nahrung besser als je zuvor. Nach mehreren vergeblichen Diäten kommt es dann zu einer deutlichen Gewichtszunahme.

Fett ist ein Geschmacksträger. – Überlisten Sie Ihre Geschmacksnerven: Verzichten Sie auf Fett und verwenden Sie stattdessen einmal exotische Gewürze und Gewürzmischungen.

Auch fettarm schmeckt gut

Fette können auch als Geschmacksträger fungieren. Diese Eigenschaft macht sie besonders für Feinschmecker unverzichtbar. Butter beispielsweise hat einen intensiven Eigengeschmack, der sich erst nach wenigen Tagen bildet, frisch schmeckt sie dagegen reichlich fade. Unverwechselbaren Geschmack haben auch Schweinefett, Gänseschmalz, Fischtran und Pflanzenfette wie Olivenöl.

Öle und Fette können fremde Aromen aufnehmen und speichern. So ist Bratenfett deshalb ein unverzichtbarer Bestandteil von Saucen, weil darin eine große Portion »unwiderstehlicher« Röstaromen enthalten ist. Und bei den meisten Küchengewürzen wie Pfeffer, Salbei oder Thymian sind die würzenden Bestandteile ätherische Öle, die zu den Aromen gezählt werden. Aromen werden mit dem Geruchssinn wahrgenommen. Beim Kauen dringen Duftmoleküle aus den Speisen in die Nase und gelangen dort in die Riechschleimhaut.

Es muss nicht immer Sahne sein, damit es schmeckt.

Geschmack und Konsistenz »ertasten«

Die menschliche Zunge nimmt mit ihren rund 1000 Geschmacksknospen nicht nur den Geschmack einer Speise wahr, sie erfühlt auch ihre Beschaffenheit oder Konsistenz.

Fette Speisen sind meist cremiger und erzeugen ein volleres Gefühl im Mund als fettfreie Gerichte; dieses Gefühl wird in der Fachsprache »umami« (japanisch: köstlich) genannt.

Aber nicht allen Menschen ist dies wichtig. In wissenschaftlichen Tests wurde ermittelt, dass auf das »Fettgefühl« im Mund vor allem übergewichtige Personen positiv reagieren. Damit wäre zu erklären, dass übergewichtige Kinder fette Lebensmittel bevorzugen oder etwa einen Fettrand am Schweinebraten nicht als störend empfinden.

Ein anderer Test widerlegte die Behauptung, dass Dicke magere Speisen von fetten Zubereitungen mit der Zunge besser unterscheiden können. Dabei wurde über- und normalgewichtigen Personen magerer und fetter Speisequark zum Kosten gegeben. Sie sollten herausbekommen, welcher Quark »fett« und welcher »mager« war. Die Identifizierung durch Übergewichtige war keineswegs zutreffender als die von Normalgewichtigen. Wurde der Quark dagegen mit dem Hinweis »mager« oder »mit Sahne« versehen, dann entschieden die Dicken, dass die fette Variante besser schmeckt, selbst wenn die Auslobungen vertauscht waren.

Daraus folgern die Geschmacksforscher, dass nicht der Geschmack, sondern die Kenntnis über das »Vorhandensein von Sahne« und das im Gehirn gespeicherte Geschmackserlebnis mitbestimmen, was fett, also gut schmeckt.

Lightprodukte

In den USA sind fettarme und sogar fettfreie Nahrungsmittel bereits ein wahrer Kassenschlager. Auch in Europa arbeiten Lebensmittelhersteller an der Entwicklung neuer fettreduzierter Leckerbissen. Durch Züchtung, Fütterung, Gentechnik oder veränderte Lebensmittelverarbeitung sollen vor allem tierische Produkte für den gesundheitsbewussten Verbraucher attraktiv gestaltet werden.

Unsere Meinung: Bestimmt ist es nicht falsch, bei starkem Übergewicht auf fettreduzierte Nahrungsmittel zurückzugreifen. Besser ist jedoch, wenn von vornherein klar ist: Von Natur

Vorsicht vor so genannten Lightprodukten. Vor allem die darin enthaltenen Zuckerersatzstoffe stehen in dem Verdacht, für Allergien und weitere ernsthafte Erkrankungen verantwortlich zu sein.

aus fettarme Nahrungsmittel wie Obst, Gemüse und Getreideprodukte verhelfen auch ohne teure Lebensmittelinnovation zu einer schlankeren Linie.

Fettgehalt von Würsten überschätzt

So lautete 1996 eine Meldung der Bundesanstalt für Fleischforschung. Im Vergleich mit neuen Analysewerten der Landesinnungsverbände des Deutschen Fleischerverbandes wurde festgestellt, dass die Angaben über den Fettgehalt von Wurstwaren in Nährwerttabellen, die vor 1995 erstellt worden waren, häufig überhöht waren; z.B. findet sich in den alten Nährwerttabellen für Salami ein Fettgehalt von 50 Prozent. In den Laboranalysen des Fleischerverbandes wurde dagegen ein wesentlich niedrigerer Fettgehalt, nämlich durchschnittlich 27 Prozent, ermittelt. Trotzdem kann für Fleisch- und Wurstwaren keine Entwarnung gegeben werden. Sie sind und bleiben fettreiche Waren und sollten sparsam auf dem Brot liegen.

Zucker und Kohlenhydrate

Süßes schmeckt immer, passt zu jeder Tageszeit und ist stets verlockend. Die Deutschen vernaschten 1996 durchschnittlich zwölf Kilogramm Süßigkeiten, davon etwa sieben Kilogramm Schokolade. Nachdem vor einigen Jahren sogar wissenschaftlich bewiesen wurde, dass Zucker und Kohlenhydrate die gute Laune fördern, was liegt da noch näher, als eine schlechte Gemütslage mit einer süßen Schleckerei wieder ins rechte Lot zu rücken?

Kohlenhydrate sind mengenmäßig betrachtet die Hauptbestandteile unserer Nahrung. Kohlenhydrate regulieren die Stoffwechselfunktionen unseres Körpers und versorgen Nerven- und Gehirnzellen mit Energie.

Ob als Seelentröster oder als Belohnung, Süßigkeiten werden sowohl von Erwachsenen als auch von Kindern heiß begehrt. Allenfalls die Mahnung, dass Zucker Karies fördert, lässt vor zu hohem oder zu häufigem Konsum zurückschrecken. Welche Rolle Zucker für die Entstehung von Übergewicht spielt, ist eine ganz andere Frage.

Zucker nicht generell verteufeln

Einerseits ist es falsch zu behaupten, Zucker mache dick. Denn Zucker ist weitaus harmloser als Fett. Er hat mit 4,1 Kilokalorien pro Gramm wesentlich weniger Energie und muss, bevor er in Fettpolstern angelegt werden kann, zunächst in energieaufwendigen Stoffwechselschritten zu Fett umgewandelt werden. Andererseits kann jeder Nährstoff zu Übergewicht führen, wenn die Energiezufuhr auf längere Sicht den Energieverbrauch überschreitet.

Das heißt: Wird tagtäglich zu viel Zucker konsumiert, dann wird man zwar langsam, jedoch stetig dicker.

Für Kinder gilt deshalb: Mehr als 50 bis 80 Gramm zuckerhaltige Naschwaren und Lebensmittel pro Tag sollten keinesfalls auf dem Speiseplan stehen.

Die hohe Geschmacksgüte von süßen Produkten kann zur Naschsucht verführen. Doch Studien an Fettsüchtigen zeigen, dass sie keineswegs auffällig viel Gezuckertes essen. Dagegen bevorzugen sie deutlich mehr fettreiche Speisen.

Allerdings: Fettreiche Ernährung führt besonders schnell zu überflüssigen Fettpolstern, wenn gleichzeitig auch noch zuckerreich gegessen wird. Schokolade, Pralinen und Bonbons sind deshalb die Helfershelfer der Dickmacher.

Führen Sie dem Körper auch während des Abnehmens unbedingt Zucker zu. Zuckermangel führt zu regelrechten Heißhungerattacken auf Süßes. Ihr Kind muss lernen, mit Süßigkeiten richtig umzugehen.

Zucker ist nicht gleich Zucker

Nach seiner stofflichen Natur ist Zucker den Kohlenhydraten zuzuordnen. Der Haushaltszucker ist ein Zweifachzucker. Er besteht aus je einem Teil (Zuckermolekül) Glukose und einem Teil (Zuckermolekül) Fruktose. Neben den Einfachzuckern wie Traubenzucker, Glukose, Fruktose und den Zweifachzuckern Maltose (Malzzucker), Saccharose (Haushaltszucker) gibt es noch Mehrfachzucker und komplexe Kohlenhydrate (hunderte bis tausende aneinander gekettete Zuckermoleküle) wie Stärke aus Kartoffeln oder Mehl.

Kohlenhydrate sind nicht gleich Kohlenhydrate. Mehrfachzucker, wie Kartoffelstärke, sollten Sie vermehrt aufnehmen. Einfach- oder Zweifachzucker hingegen werden vom Körper größtenteils in gesättigte Fettsäuren umgebaut und als Depotfett gespeichert.

Die Aussage »Wir essen zu viel Zucker«, bezieht sich ausschließlich auf die süßen Einfach- und Zweifachzucker. Denn was die komplexen Kohlenhydrate angeht, das heißt etwa Stärke, bekommen wir davon eigentlich viel zu wenig. Dieses Zuwenig ist im Prinzip auch eine Ursache für Leibesfülle. Stärke und andere komplexe Kohlenhydrate sind nämlich hauptsächlich in Lebensmitteln enthalten, die gleichzeitig einen hohen Ballaststoffanteil aufweisen. Das heißt, diese kohlenhydrathaltigen Nahrungsmittel stillen unseren Hunger ohne die Kalorienzahl wesentlich in die Höhe zu treiben. Das Problem: Den Mangel an sättigenden Kohlenhydraten versuchen wir häufig durch ein Plus an Fett wettzumachen.

Kohlenhydrate helfen gegen Depressionen

Besonders in der dunklen Jahreszeit, wenn die Sonne kaum noch durch Wolken oder Nebelschwaden dringt, sind Süßigkeiten heiß begehrt. Die süße Nascherei wird dann häufig gewählt, um schlechte Laune oder drückende Stimmung zu überbrücken. Nach wissenschaftlichen Erkenntnissen ist es ein Mangel am Hormon Serotonin, der das übergroße Verlangen nach der süßen Wunderwaffe erklärbar macht.

Süße Naschereien vertreiben schlechte Laune und depressive Stimmungen.

Serotonin ist ein Botenstoff des Gehirns, der Wohlbefinden vermittelt. In dunklen Wintermonaten sinkt der Serotoninspiegel im Gehirn und damit die allgemeine Stimmungslage. Serotonin kann aus der Aminosäure Tryptophan neu gebildet werden. Diese Aminosäure wird dem Körper normalerweise durch proteinhaltiges Essen zur Verfügung gestellt.

Zuckerzufuhr verhindert Transportverzögerungen

Damit aus dem Tryptophan gefühlsausgleichendes Serotonin wird, muss es allerdings erst einmal in das Gehirn gelangen. Der Transport des Tryptophans aus dem Blut ins Gehirn benötigt einen Vermittler, den sich die Aminosäure Tryptophan mit vielen anderen Aminosäuren teilen muss. Gelangt Zucker ins Blut, so wird kurz darauf durch die Bauchspeicheldrüse vermehrt Insulin ins Blut abgegeben. Das Insulin bewirkt nun, dass die Konkurrenten des Tryptophans, also die anderen Aminosäuren, von Muskeln aufgenommen werden. Die Folge: Tryptophan muss nicht mehr so lange auf den Transport ins Gehirn warten, sondern gelangt verhältnismäßig schnell dorthin.

Das heißt, je mehr Zucker, desto mehr Tryptophan und Serotonin im Gehirn und desto bessere Stimmung! Übrigens: eine zuckersüße Nascherei wirkt schnell aber kurz, da sich der Zucker- und der Insulinspiegel schnell erhöhen, aber auch schnell wieder aufs Normalmaß sinken.

Nicht ganz so schnell, dafür jedoch umso anhaltender wirken komplexe Kohlenhydrate wie sie beispielsweise in stärkehaltigen Mehlprodukten oder Kartoffeln enthalten sind. Stärke wird nur äußerst langsam durch die Stärke spaltenden Enzyme im Verdauungstrakt abgebaut. Dadurch gelangen die einzelnen Zuckermoleküle gut portioniert ins Blut. Der Blutzuckerspiegel wird daher zwar schwächer aber deutlich anhaltender beeinflusst.

Die Wahrscheinlichkeit, dass ein Kind übergewichtig wird, beträgt etwa sieben Prozent, wenn kein Elternteil Übergewicht hat. Bei einem übergewichtigen Elternteil erhöht sich das Risiko auf 40 Prozent. Haben sogar beide Elternteile zu viele Pfunde, dann tragen die Kinder ein 80-prozentiges Adipositasrisiko.

Übergewicht als Familienerbe

Kühlschrank und Vorratskammer sind heute in der Regel gut gefüllt, Hungergefühle sind uns fremd.

Der heutigen Elterngeneration und erst recht ihren Kindern sind Hungergefühle und Existenzängste meist fremd. Dass Kühlschrank und Vorratsregale allzeit gut gefüllt sind, ist für das Gros der Bevölkerung in unseren Breiten eine Selbstverständlichkeit. Diese Selbstverständlichkeit wird jedoch vielen unter Übergewicht leidenden Menschen zum Verhängnis. Und zwar deshalb, weil sie durch ihr genetisches Erbe immer noch auf Hunger und Entbehrung programmiert sind. Was für ihre Vorfahren in früheren, härteren Zeiten eine bessere Überlebenschance bedeutete, führt beim heutigen Überangebot an fettreichen Lebensmitteln zu übergroßer Leibesfülle.

Der Vorwurf »Du bist selbst schuld an deinem Elend«, sollte die meisten Dicken heutzutage nicht mehr kümmern. Denn mittlerweile ist bekannt: Jeder Einzelne beeinflusst sein Körpergewicht nur zu rund einem Drittel selbst, beispielsweise durch sein Ess- und Bewegungsverhalten. Zum größten Teil, nämlich zu den restlichen zwei Dritteln, diktieren die Gene die körperliche Leibesfülle.

Beinahe jeder fünfte Bundesbürger ist übergewichtig. Bei ihnen ist der Regulationsmechanismus gestört, der für langfristig gleichbleibendes Gewicht sorgt.

Der Einfluss mehrerer hundert Gene

Es ist nicht möglich, das Übergewicht einzelnen Gendefekten zuzuordnen. Durch das genetische Erbmaterial werden nicht nur äußerliche Merkmale bestimmt, sondern auch körpereigene Stoffwechselqualitäten wie beispielsweise Art und Umfang der Energiespeicherung, des Wärmeenergieverlustes oder der Fettverbrennung.

Selbst das Ernährungsverhalten, ob z.B. vorzugsweise fett oder süß gegessen wird, und welche Rolle Hunger- und Sättigungsgefühlen überlassen bleibt, scheint zum Teil genetisch verankert zu sein.

Zeichen seelischer Not

Dass Kinder nicht ohne Grund dick werden, ist keine neue Erkenntnis. In den meisten Fällen spielt die Psyche eine maßgebliche Rolle. Schon im Babyalter werden vielfach die Weichen für das Dickwerden gestellt. Dann nämlich, wenn das Schreien oder Weinen des Kindes mit einer Flasche oder der Brust »gestillt« wird, jedoch Kummer oder Langeweile die eigentlichen Ursachen sind. Später wird diese Methode vom Kind selbständig praktiziert. Wenn es Sorgen hat, einsam ist oder sich einfach nur nach Zuwendung sehnt, werden diese Bedürfnisse durch Nahrung oder Getränke kompensiert. Der Griff in die Chipstüte, zum Schokoriegel oder Bonbon erfolgt keinesfalls aus Hunger. Dicke Kinder können oft gar nicht begründen, warum sie gerade essen. In vielen Fällen ist der wirkliche Grund viel tiefer versteckt.

Beobachten Sie das Essverhalten Ihres Kindes stets aufmerksam. Bemerken Sie dabei »Unregelmäßigkeiten«, z. B. unkontrolliertes Naschen, sollten Sie mit Ihrem Kind unbedingt vertrauensvoll darüber sprechen. Häufig liegen der »Esswut« des Kindes psychische Probleme, z. B. ausgelöst durch Familienstreitereien, zu Grunde.

Familiäre Probleme

Eine typische Familiensituation für übergewichtige Kinder sind ständiger Streit zwischen Vater und Mutter, eine bevorstehende oder bereits erfolgte Trennung oder Scheidung. Die Angst vor dem Verlust von Vater oder Mutter bekämpft das Kind mit dem Griff zu kalorienträchtigen Snacks. Wird das Kind von den Elternteilen miteinbezogen, fühlt es sich sogar für den familiären Unfrieden verantwortlich. Es möchte helfen und handeln. Wenn es jedoch die eigene Ohnmacht erkennt, hilft ihm vieles Essen, das Problem zu bewältigen.

Seelische Belastungen, z. B. Familienstreitigkeiten, können zu einem gestörten Essverhalten bei Kindern führen.

Vor allem im Kindergarten und in der Schule besteht die Gefahr, dass dicke Kinder Hänseleien und Spott ausgesetzt sind.

Wenn das Kind unübersehbar dick geworden ist, verändert sich meist sein Essverhalten. Es zieht sich von den allgemeinen Mahlzeiten zurück oder isst betont wenig. Dafür stopft es dann später unbeobachtet in vielen kleinen Mahlzeiten hastig und ohne Genuss umso mehr in sich hinein. Die Kontrolle darüber, was und wie viel es zu sich nimmt, fehlt völlig.

Schwere psychische Schäden erfahren übergewichtige Kinder oft über die Schule. Eine einzige dumme Bemerkung des Lehrers kann das dicke Kind der Lächerlichkeit preisgeben und zu wahrem Psychoterror durch die Mitschüler führen. Die Hänseleien führen zu einer Demontage des Selbstbewusstseins. Die Folge: Dicke werden noch einsamer, entwickeln sich zu Stubenhockern und vermeiden Kontakte mit Gleichaltrigen. Sie schämen sich für ihr Aussehen und fürchten den unweigerlichen Spott. Zu Hause bleibt ihnen nur der Fernseher als Ersatz für Abenteuerspiele und Gruppenerlebnisse. Dadurch wird ihre Situation nicht besser: Der zwangsläufige Bewegungsmangel führt zur Vermehrung der Speckpolster.

Bewusst unattraktiv

Rund ein Drittel der adipösen Mädchen von 13 und mehr Jahren legt sich aus anderen Gründen eine Speckschicht zu. Sie leiden unter einem meist nicht konkret definierten sexuellen Missbrauch. Sie fühlen sich verletzt und machen sich durch ihr Übergewicht absichtlich hässlich. Jungen weichen häufig in Übergewicht aus, weil ihnen die Väter beispielsweise zu hohe Leistungen abfordern.

Fördern Sie vorhandene Stärken Ihres Kindes und führen Sie positive Ansätze fort. Vermeiden Sie verletzende Kritik und rigide Vorschriften.

Wenn Ihr Kind mit Ihnen nicht über seine Probleme sprechen möchte oder kann, sollten Sie es dazu ermutigen, eine Selbsthilfegruppe oder einen Therapeuten aufzusuchen. Hier können gegebenenfalls die Gründe für das gestörte Essverhalten des Kindes aufgedeckt werden.

Essen will gelernt sein

Das Kind ist dick. Wo liegt die Schuld? Die Gene, die Umstände, Schule, Freunde, Werbung, das Kind selbst, die Mutter, der Vater? Alles oder niemand? Wo auch immer eine Schuld liegt, Schuldzuweisungen machen das Kind nicht dünner. Selbstverständlich können den Eltern in jeder Phase der Entwicklung eines Kindes Fehler unterlaufen sein. Aber ebenso selbstverständlich wirken gute und schlechte Einflüsse von außen auf das Essverhalten des Kindes. Essen ist keine Selbstverständlichkeit, es wird erlernt.

Früh übt sich, wer groß und stark werden will

Das Erste, was ein Neugeborenes lernt, ist Essen, denn dies ist überlebenswichtig.

Eigentlich hat die Natur ganz gut vorgesorgt, Babys verfügen nämlich über einen Reflex, um die Brustwarze der Mutter zu finden. Ist die Mutter jedoch nicht »greifbar«, dann nützt dieser Reflex nichts und ohne Mithilfe der Mutter wäre schon der

Je älter ein Kind wird, umso mehr kann die natürliche Essbremse außer Kraft gesetzt werden. Aus Sorge um eine mögliche Unterernährung wird das Kind beim Essen ständig kontrolliert und durch Zureden in seinem natürlichen Selbstverständnis verunsichert. Viele Eltern übersehen, dass ein Kind sehr gut selbst weiß, wann sein Hunger gestillt ist.

erste Lebenstag der Beginn einer langen Durststrecke. Wenn die Mutter den Säugling beim Stillen nicht an die Brust legen würde, hätte das Kind es sehr schwer, an die guten Tropfen heranzukommen.

Das Gehirn des kleinen Menschen speichert als allererste Erfahrung, dass Essen und Trinken das komische Gefühl im Bauch, Hunger und Durst, beseitigen. Auch die Mutter hat mit ihrer Zuwendung gelernt, dass Mutterliebe durch den Magen geht. Wächst das Kind heran, ist es für die Mutter gar nicht mehr so einfach festzustellen, ob das Kind wirklich Hunger hat oder nicht.

Wenn Babys schreien, sind die Gründe dafür häufig Hunger und Durst. Kinder schreien jedoch auch aus anderen Motiven: Wenn sie Geborgenheit oder Zuwendung suchen, wenn sie sich unwohl fühlen, wenn die Windel voll ist oder sie sich schlicht langweilen.

Essen aus Frust

Erkennen Eltern nicht den wahren Grund und wird mit Brust und Flasche beruhigt, lernt das Kind schnell, dass Essen und Trinken von Problemen und Spannungen, aber auch harmlosen Unlustgefühlen wirkungsvoll ablenken. Das Baby verlernt dadurch sogar, zwischen den verschiedenen Missempfindungen zu unterscheiden.

Jedes Unwohlsein wird schließlich durch Nahrungsaufnahme kompensiert. Die Gefahr, dass aus dem Kind künftig ein regelrechter Frustesser wird, ist groß.

Später erfolgt die Zuwendung über die verbale Aufforderung zum Essen. Diese Form der Mutterliebe hält sich lebenslang. Die stereotype Aufforderung »Kind, bitte iss doch!«, bekommen selbst noch 50-Jährige von ihren Müttern zu hören. Bei einem Baby hat die Mutter fast keine Chance, mehr zu füttern, als der Hunger des Kindes zulässt.

KNOCK-OUTS FÜR DIE ESSBREMSE

- Du musst groß und stark werden!
- Iss doch, das schmeckt doch gut!
- Der Teller wird leer gegessen!
- Das ist gesund!
- Iss doch wenigstens mir zuliebe.
- Ein Löffelchen für Oma, Opa, für Tante Maria, für Onkel Heinrich etc.

Eltern als unbewusste Störfaktoren

Die Vorlieben und Abneigungen sind in der Regel hausgemacht, auch wenn viele Eltern die Verführungen von außen als Anlass sehen. In der familiären Tradition liegen neben der Weitergabe sinnvoller Verhaltensweisen auch Unsitten wie überladene Teller, üppig belegte Brote oder Angebote ohne jedes Maß an Beschränkung. Wie Vater und Mutter sich verhalten, wird zumindest von kleinen Kindern uneingeschränkt kopiert.

Denken Sie stets an Ihre Vorbildfunktion. Kinder kopieren die Verhaltensweisen der Eltern oftmals uneingeschränkt. Vermeiden Sie daher unbedingt Unsitten und »unvernünftige« Verhaltensweisen, z. B. übervolle Teller, üppig belegte Brote u. Ä.

Vorbildfunktion

Lehnt der Vater beispielsweise den Salat als »Grünzeug« ab, findet auch der Filius möglicherweise keinen Gefallen daran. Fehlt auf Mutters Torte nie die Schlagsahne, dann schöpft auch die Tochter besonders gern aus der vollen Sahneschüssel. Achten Sie genau auf derartige Verhaltensweisen.

Die Wirkung von Erziehung und Vorbildern muss aber nicht unbedingt Einfluss auf das Essverhalten ausüben. Eine kanadische Studie konnte aufzeigen, dass Adoptivkinder ausgerechnet dann besonders häufig dick waren, wenn die Adoptiveltern eben nicht mit schlechtem Beispiel vorangingen und keine Gewichtsprobleme hatten. Auffällig waren dagegen die Ähnlichkeiten zu den leiblichen Eltern. Je mehr die echten Väter und Mütter auf die Waage brachten, desto gewichtiger waren die Kinder.

Lebendige Beispiele

Vater und Mutter haben keine Chance, den Augen ihres Kindes zu entgehen. Zwangsläufig übernimmt es das Verhalten der Eltern als »normal«. Denn ein Kind kann noch nicht unterscheiden, was gut und was schlecht ist. Auch Eltern sind sich häufig nicht bewusst, was ihre Lebensart beim Kind anrichten kann. Im Prinzip ist es wie an der Fußgängerampel: Hetzen Erwachsene bei Rot über die Straße, laufen Kinder hinterher. Das kann gut gehen, aber auch lebensgefährliche Folgen haben.

Frühstücken Eltern morgens hastig im Stehen, dann wird auch für das Kind das Frühstück zum schnellen Stehimbiss. Kommen die Kinder bei dieser Hetzjagd zu kurz, so werden sie zum Ausgleich mittags unbewusst animiert, ihren Teller regelrecht zu überhäufen – mehr als der Hunger eigentlich erlaubt. Die üppigen Portionen, die sich Vater und Mutter aufladen, verführen das Kind dazu, auch seine Portion riesig zu gestalten.

Was auf dem Teller ist, wird aufgegessen

Die Qualität eines Landgasthofes wird häufig an der Größe der Essensportionen im Verhältnis zum Preis bemessen. Je größer und billiger, umso besser. Anders die Bistros und Kneipen in der Stadt: kleine Portionen, aber hohe Preise.

Der überladene Teller führt zum Esszwang: Bekanntlich kommt der Appetit beim Essen und wirkt selbst über die Sättigungsgrenze hinaus. Das Kind verliert die Fähigkeit, sowohl das Maß für die Portionsgröße als auch seinen Hunger richtig einzuschätzen. Der Gipfel wird erreicht, wenn das Kind aus erzieherischen Gründen auch noch dazu verpflichtet wird, die selbst bemessene Portion bewältigen zu müssen.

Reste in den Schüsseln werden nicht geduldet, sie werden einfach aufgeteilt. Selbst dann, wenn das Kind nicht an der Resteverwertung beteiligt wird, begreift es für sein späteres Leben, dass Reste vertilgt werden müssen. Ist der Hunger gestillt und sind die Reste beseitigt, steht wie selbstverständlich der Nachtisch da. Süßes passt auch noch in den vollen Bauch. Pudding oder Götterspeise runden das Menü erst richtig ab.

WIE OFT HEISST ES

- Was du dir selbst auf den Teller gelegt hast, wird aufgegessen.
- Iss, damit du groß und stark wirst.
- Wenn du aufisst, gibts eine Belohnung.
- Nimm dir einmal ein Beispiel an deinem Bruder/deiner Schwester.

Knabbern zwischen den Hauptmahlzeiten

Naschen bremst den Appetit am Esstisch nicht. Zu dieser Erkenntnis kam eine Pariser Neurobiologin. Sie registrierte bei Versuchspersonen, die mit Snacks wie Chips oder Süßigkeiten zwischen den Mahlzeiten versorgt worden waren, häufig sogar noch größeren Hunger als bei Vergleichspersonen, die zwischendurch nichts gegessen hatten.

Knabbern und naschen ja – aber sinnvoll. Keinesfalls sollten Kinder als Zwischenmahlzeit regelmäßig Schokolade, Chips o.Ä. zu sich nehmen. Besser geeignet für zwischendurch sind Obst und Milchprodukte.

Schokoladiges gilt als die Belohnung par excellence. Das Kakao-Zucker-Fett-Gemisch vereint in sich viele Attribute des Genusses. Wenn die Schokolade auf der Zunge schmilzt, entsteht ein angenehmer Temperatureffekt. Wer kann schon dem verführerischen Aroma hauchdünner Täfelchen widerstehen? Mit Schokolade wird nicht nur das Genussbedürfnis befriedigt. Wissenschaftler streiten sich noch, welche Menge der Schokoladeninhaltsstoffe Phenylethylamin, Theobromin und Koffein eine anregende Wirkung hat. Der Schokolade wird tröstende Wirkung bei Liebeskummer zugeschrieben.

Süßigkeiten haben ein breites Einsatzspektrum. Sie dienen als Trostpflästerchen, Stimmungsaufheller und sorgen spontan für körperliches Wohlbefinden. Ihr hoher Zuckergehalt bewirkt, dass der Serotoninspiegel im Gehirn ansteigt. Serotonin ist ein Botenstoff, der das Bewusstsein beeinflusst, die Welt in rosigeren Farben zu sehen. Weil dieser positive Effekt jedoch nur von kurzer Dauer ist, werden wir gern zu Wiederholungstätern, damit wir anhaltend bei guter Laune bleiben.

Warum Kinder die süße Geschmacksrichtung bevorzugen

Das Geschmackssystem eines Menschen bildet sich schon im dritten Schwangerschaftsmonat. Bereits sechs Monate vor der Geburt funktionieren die Geschmacksknospen auf der Zunge. Sie erfahren Geschmackskomponenten des Fruchtwassers, beispielsweise Glukose, Milch- und Zitronensäure, Harnstoff, Aminosäuren und Salz. Damit kann möglicherweise die Vorliebe der Kinder für Zucker erklärt werden.

Kinder weltweit haben eine Vorliebe für Süßes. Diese Präferenz ist gewissermaßen angeboren. Dies hat einen plausiblen Grund: Forscher vermuten, dass die Geschmacksdefinition »süß« in den frühen Zeiten der Menschwerdung die Essbarkeit von Früchten signalisiert hat.

Weltweit gibt es keine richtig süße Frucht, die giftig ist. Auch Muttermilch ist süß. Experimente mit Flaschenbabys belegten eindeutig, dass Babys auf »süß« reagierten und automatisch mehr Nahrung aufnahmen, wenn sie süß war. Andere, weniger archaische Vorlieben für Geschmacksrichtungen wie »sauer« oder »würzig« wurden später von Menschen mit Vorbildfunktion übernommen. Kinder lernen durch Beobachtung und kopieren dabei komplette Verhaltensmuster, wenn sie mit angenehmen Erfahrungen verbunden sind. Die Vorliebe für pikante und teilweise scharfe Geschmacksrichtungen ist im Übrigen weltweit verbreiteter als der Süß-Geschmack der Kinder in den so genannten Industrieländern. Als Vermittler wirken zunächst einmal die Eltern, aber Kinder ziehen schon im Alter von zwei bis sechs Jahren ihre Geschwister und Spielgefährten als Beispielgeber vor. Allerdings sind jüngere Kinder leichter »verformbarer« als ältere Kinder.

Auch der Einsatz von Süßigkeiten als Belohnung oder deren Entzug als Bestrafung trägt bei Kleinkindern zur Verstärkung der angeborenen Vorliebe für Süßes bei.

Jeden Tag dasselbe

Kinder wollen ihr Lieblingsessen, wann immer sie gefragt werden. Was dem einen die Spaghetti sind, bedeutet einem anderen Kind ein Schnitzel. Und weil Kinder ihre positiven Geschmackserlebnisse ständig spüren wollen, stellen sie die Forderung nach ihrem Leibgericht sooft wie möglich – am liebsten jeden Tag. Dies stößt bei Erwachsenen auf Kritik. Beispielsweise jeden Tag Spaghetti, das ist nach allen Regeln der Ernährungslehre »einseitig«. Also wird der Wunsch abgelehnt. Das Kind ist irritiert, ein Konflikt heraufbeschworen. Dabei hätte sich sicher alles von allein gelöst. Spaghetti jeden Tag, immer und immer wieder, das hängt auch Kindern bald zum Halse heraus. Jedes auch noch so köstliche Gericht verliert an Genusswert, wenn es ständig verfügbar ist.

Verlieren Sie nicht die Geduld, wenn Ihr Sprössling stets nach seinem Lieblingsessen verlangt. Das regelt sich ganz von selbst: Täglich Pommes frites, Schnitzel oder Spaghetti wird auch Kindern schnell langweilig.

Ein süßes Trostpflaster ist unnatürlich

Esserziehung kann zum Gegenteil von natürlichem Verhalten führen. Geraten beispielsweise Tiere in lebensbedrohlichen Stress, dann reagieren sie mit Appetitlosigkeit. Das ist ein instinktives Verhalten zur Abwehr von Schaden und Gefahr für Leib und Leben. Beim Menschen sorgt Erziehung mit so genannten Trostpflastern für die Aussetzung dieser natürlichen Essbremse. Rund 30 Prozent der Erwachsenen zeigen in Stresssituationen sogar ein gesteigertes Essbedürfnis. Hauptsächlich stehen sie die Stresssituation mit Alkohol und Süßem durch.

Süß, fett, lecker! Vor allem in Stresssituationen ist das Verlangen nach Süßem deutlich gesteigert.

Wann immer es möglich ist, sollte die Familie gemeinsam einkaufen, kochen und essen. Beziehen Sie Ihr Kind stets in die Entscheidung, welches Gericht zubereitet werden soll, mit ein. Lenken Sie es dabei vorsichtig, vermeiden Sie den »erhobenen Zeigefinger«, wenn Ihnen die Entscheidung Ihres Sprösslings nicht gefällt.

Vorbildhafte Abneigung

Im Vergleich der Vorlieben und Abneigungen von Müttern und Kindern wird deutlich, dass zum Geschmack nicht nur sensorische Empfindungen gehören, sondern auch Vorbilder. Untersuchungen belegen eindeutig: Nicht die Vorlieben werden hauptsächlich kopiert, sondern die Abneigungen. Was die Mutter nicht mag, isst auch das Kind nicht gern. Einzige Ausnahme in der Negativliste sind Süßigkeiten. Auch wenn die Mutter sie nicht mag, lässt sich das Kind dadurch nicht beeinflussen.

VORBILDFUNKTION DER MUTTER

Lebensmittel	Übereinstimmende Vorliebe zwischen Mutter und Kind (%)	Übereinstimmende Abneigung von Mutter und Kind (%)
Apfel	8	60
Banane	12	35
Bonbons	20	5
Hähnchen	10	55
Kotelett	10	45
Mischbrot	22	30
Pudding	35	18

Esskultur für Jung und Alt

Essen hält Leib und Seele zusammen. Diese alte Volksweisheit ist auch heute noch gültig. Wie allerdings gegessen wird, unterliegt dem Zeitgeist. Die Familientafeln von einst werden immer häufiger nur noch an Sonn- und Feiertagen zelebriert. Je kleiner das Kind, desto größer ist das Bestreben der Familie nach gemeinsamen Mahlzeiten. Je größer das Kind wird, umso schlechter lassen sich alle Familienmitglieder unter einen Hut bringen. Aus gemeinsamen Essen werden Singlemahlzeiten. Der Zeitpunkt des Essens wird mehr von Termin- und Stundenplänen als traditionellen Essenszeiten bestimmt. Darauf haben sich die Hersteller von Lebensmitteln zwischenzeitlich ausgezeichet eingestellt.

Die Fix-und-fertig-fünf-Minuten-Küche

Sie bieten so genannte Convenienceprodukte an (von englisch convenience = Bequemlichkeit). Das sind Fix-und-Fertig-Gerichte aus Tüte, Tiefkühltruhe oder Dose. Sie werden entweder schnell mit Wasser angerührt und erhitzt oder nur in Fritteuse, Pfanne, Kochtopf oder Backofen erwärmt.

Auch Esskultur ist Geschmackssache. Nur 20 Prozent der Bevölkerung sind »Familienfans«. Das Essen können sie nur dann genießen, wenn es im Kreise der Familie eingenommen wird.

Was im Alltag berufstätigen Eltern Vorteile bringt, kann langfristig zu einer ungewollten Entwicklung führen. Der Speiseplan wird einseitig, obwohl im Supermarkt viel Auswahl zur Verfügung steht. Variationen nach persönlichem Gusto sind nicht mehr möglich. Der Geschmack ist der industriellen Kreation ausgeliefert. Und der gemeinsame Familientisch wird zur Seltenheit, weil sich jeder »sein eigenes Süppchen kocht«.

Verhängnisvoll: Nicht nur die geschmackliche Vielfalt bleibt auf der Strecke, sondern auch der Nährwert der Speisen ist einseitiger, als ihre bunte Verpackung vorgaukelt. Beispielsweise wird der meist hohe Fettgehalt unkritisch hingenommen, wenn das Bild auf der Schachtel leichten Genuss verspricht. Werden Convenienceprodukte zum täglichen Allerlei, kann die Fettbilanz leicht aus dem Gleichgewicht geraten.

Für Kinder ist die Convenienceküche meist ausgesprochen fantasielos. Ihre Kreativität und Experimentierfreudigkeit wird auf das Aufreißen von Packungen und das Befolgen von Gebrauchsanweisungen reduziert. Eigene Handlungen beschränken sich auf ein Minimum. Dadurch geht das Interesse an der Zubereitung des Essens schnell verloren. Erkenntnisse über Zusammensetzung und abwechslungsreiche Gestaltung des Speiseplans können nicht gewonnen werden. Das zwangsläufige Ende dieser Entwicklung heißt Fastfood.

Alles Werbung

Ein Kind vor den Verlockungen der Werbung zu schützen ist heutzutage nahezu unmöglich. Bevor Sie sich also auf einen Kampf gegen Windmühlen einlassen, sollten Sie sich mit Ihrem Kind und seinen Wünschen auseinander setzen. Sie werden bald merken, was Sie mit Offenheit und Geduld alles erreichen können.

Ist Erfahrung schwach, Neugier jedoch stark ausgeprägt, hat die Werbung meist leichtes Spiel. Plastikfiguren im Jogurt, Spielzeug in Schokoladeneiern, Abziehbilder im Kaugummi bringen klingende Kassen. Der eigentliche Kaufentscheid, also das Abwägen von Qualität anhand von Inhalten, wird zur Nebensache oder von vornherein verhindert.

Markenbewusstsein anhand äußerlicher Merkmale

Nicht der Geschmack, sondern Sammelleidenschaft und optische Reize sind ausschlaggebend. Die Produktwerbung suggeriert zudem oftmals, dass der Kaufentscheid auch der Gesundheit dient. Immerhin glauben nach einer Studie des Westdeutschen Rundfunks 36 Prozent der Erwachsenen, dass Kinderprodukte für ihre Kleinen besonders geeignet sind. Dass die Tatsachen meist dagegen sprechen, schmälert die Geschäfte nicht. Nussnougataufstriche enthalten in der Regel viel Zucker, viel Fett und schädliche Transfettsäuren. Kinderjogurt kann je nach Marke bis zu acht Stückchen Würfelzucker in sich verbergen, und Kindermilchprodukte übertreffen normale Vollmilchprodukte mit einem zwei- bis dreifachen Fettgehalt. Beispielsweise ist Schmelzkäse für Kinder nicht gesünder oder fettärmer. Er enthält genauso hohe Mengen kalziumraubendes Phosphat wie normaler Schmelzkäse. Einige Kinderprodukte werden als »Lebensmittel« verkauft, sind aber nur banale kalorienreiche Süßigkeiten. Ihr Nährstoffreichtum bezieht sich meist auf leere Kalorien.

Mit dem ersten Lebenstag

Auch wenn viele Eltern sich oft wünschen, dass ihr Kind davon verschont bliebe, es gibt keinen wirksamen Schutz gegen Fremdeinflüsse. Und wenn es ihn gäbe, der Nutzen wäre höchst zweifelhaft. Mit dem Alter des Kindes nimmt der Ein-

fluss der Miterzieher erheblich zu. Sind zunächst nur Geschwister oder andere Verwandte an der Prägung beteiligt, gewinnen im Laufe der Zeit auch Nachbarn, Bekannte und sogar Fremde die Bedeutung von Vorbildern. Kindergarten und Schule, Fernsehen und Zeitschriften offenbaren eine breite Palette von guten und schlechten Möglichkeiten des Nachahmens. Vor allem die bunten Bilder der Fernsehwerbung mit den witzigen Figuren und tollen Typen schaffen eine fruchtbare Identifikationsbasis. Das Essen bekommt durch sie viele andere Motive und das Sattwerden als alleinige Triebfeder rückt mehr und mehr in den Hintergrund.

Kinder lieben es bunt und süß, eindeutig süß.

Der Mensch ist, was er isst

Die Ansprüche der Kinder sind einfach. Sie mögen es bunt und eindeutig. Kinder spüren nicht das komplizierte Geschmackserlebnis von teuer und selten auf der Zunge. Für sie muss es süß sein, eindeutig süß, auch nur eine Nuance sauer oder bitter wäre störend. Der Geschmack muss wieder erkennbar sein; etwa wie bei Cola oder Limonade. Und er muss einen gewissen Wert oder besser gesagt Unwert haben. Eltern kontern zur Ablehnung dieser Vorlieben gern mit dem Argument der Gesundheit. Ob Schokoriegel, Gummibärchen, Milchschnitte oder welcher Snack auch gerade in ist, alles ist »höchst ungesund« und »macht dick«.

Im Kampf gegen witzige Werbung und den allgemeinen Trend haben die meisten Eltern schlechte Karten. Es ist sicher richtig, dass die Erziehung zu besserem Essverhalten durch die Werbung regelrecht hintergangen wird.

Gesundheit zieht nicht

Vermeiden Sie das Gesundheitsargument. Es ist für Kinder kaum einzusehen, warum z. B. ausgerechnet Schokolade ungesund sein soll. Der Genuss tut schließlich nicht weh und man wird nicht krank davon.

Auch wenn viele Eltern ihren Kindern immer wieder erklären, dass beispielsweise Äpfel gesund, Bonbons dagegen »schlecht« sind, wird ein aufgewecktes Kind bald erkennen, dass die Eltern unrecht haben. Lebensmittel können weder krank noch gesund sein. Die oftmals gepriesenen gesunden Eigenschaften von Lebensmitteln sind schlicht nicht wahr. Im Umkehrschluss bedeutet dies auch: Wer ein ungesundes Lebensmittel isst, wird nicht gleich krank. Und Kinder begreifen schnell, dass Brot nicht stark macht, auch wenn Mutter oder Vater das Argument mit dem Brustton der Überzeugung vortragen. Und ebenso wenig macht Schokolade sofort dick oder bekommt jeder, der ein Bonbon isst, sofort Karies.

Gesundheit ist die schlechteste Karte im Spiel der Ernährungserziehung. Wenn Sie immer wieder predigen, wie gesund doch bestimmte Lebensmittel sind, bewirken Sie nur das Gegenteil: Ihr Kind hört Ihnen nicht mehr zu und lehnt letztlich das – gesunde – Angebot ab.

Kinder kommen von selbst darauf: Obst ist besser als Schokolade oder Bonbons.

Für Kinder ist Gesundheit der Normalzustand. Krank sein beschränkt sich auf Ausnahmen wie beispielsweise Erkältungen oder Windpocken. Dass dafür bestimmte Ursachen verantwortlich sind, ist für Kinder nur schwer vorstellbar. Stürzt dagegen ein Kind mit dem Rad, dann spürt es die schmerzhaften Folgen sofort. Es kann der Wirkung eine Ursache zuordnen.

Schokolade tut nicht weh

Wenn jedoch auf den Genuss von Schokolade oder anderen Süßigkeiten krankheitstypische Zustände wie Fieber oder Schmerzen ausbleiben, dann müssen sich Mutter und Vater irren.

Ungesunde Ernährung zeigt ihre Folgen nicht sofort, sondern erst nach Jahren und vor allem nach weiterem ungesunden Ernähren. Die logische Schlussfolgerung des Kindes ist beispielsweise nach dem Genuss »ungesunder« Chips: »Ich bleibe doch gesund, die Ermahnungen der Eltern sind Unsinn, also ernähre ich mich so, wie es mir schmeckt.«

Es ist verboten, zu verbieten

Verhalten wird nicht nur ererbt, es wird vor allem erlernt. Dabei verfahren Kinder nach einer recht einfachen Methode. Folgen auf bestimmte Verhaltensweisen negative Konsequenzen, dann wird das Verhalten solange modifiziert, bis ihnen eine positive Resonanz bestätigt, dass sie sich jetzt richtig verhalten. Je dichter Ursache und Wirkung beieinander liegen, umso nachhaltiger wirken die Konsequenzen. Ein Beispiel: Nascht ein Kind aus dem Topf und ist das Essen darin sehr heiß, dann wird das Kind in Zukunft beim Naschen vorsichtiger sein – es hat gelernt. Nascht es jedoch Süßigkeiten, obwohl die Mutter mahnt, dass man davon krank wird, wird das Kind ohne Zögern weiter naschen, weil es schnell erkennt, dass die von der Mutter prophezeite Wirkung nicht eintritt. Ursache und Wirkung

Verbote verleiten Kinder nur dazu, etwas trotzdem oder gerade deswegen zu tun. Gewähren Sie Ihrem Kind hingegen Freiräume, ist es sicherlich auch für Ihre Argumente empfänglicher.

liegen so weit auseinander, dass noch nicht einmal Erwachsene daraus lernen. Obwohl allgemein bekannt ist, dass ernährungsbedingte Krankheiten die meisten Todesfälle verursachen, ändern Betroffene ihre Ess- und Lebensgewohnheiten nicht.

Verbote werden weder von Erwachsenen konsequent befolgt, noch können sie Kinder wirklich daran hindern, etwas zu essen, was zu Hause verboten ist; Eltern können außerhalb der elterlichen Wohnung nur schwer kontrollieren.

Alles in Maßen – muss Ihre Devise lauten. Es muss Ihnen gelingen, Ihrem Kind die Gründe für ein Verbot – besser: eine Warnung – einer bestimmten Schleckerei verständlich zu machen.

Letztlich führen Verbote nur zu Heißhunger und zur Übertretung bei günstiger Gelegenheit oder in einer schwachen Stunde. Unmögliche Regeln fordern geradezu zur Sünde heraus. Wenn totale Abstinenz, also 100 Prozent, gefordert sind und selbst nur ein Prozent übertreten wird, dann ist das Ziel nicht erreicht. Es fehlt die Möglichkeit zur Korrektur und zum verantwortlichen Umgang mit den eigenen Begierden. Wenn die Ein-Prozent-Sünde begangen wird, ist »alles egal« und darauf folgt absolute Hemmungslosigkeit.

Nicht als Druckmittel einsetzen

Essen darf keinesfalls als Druckmittel eingesetzt werden. Wenn Sie bestimmte Nahrungsmittel als Belohnung oder Form der Bestrafung einsetzen, erhält es in der Betrachtungsweise des Kindes einen Stellenwert, der seine Einstellung gegenüber der Ernährung nachhaltig beeinflussen kann.

GEGNER DER ELTERLICHEN ESSERZIEHUNG

- Kindliche Eigendynamik
- Werbung mit imageprägender Genusserwartung
- Der allgegenwärtige Überfluss
- Die ständige Beschaffbarkeit von Lebensmitteln aller Art
- Ihr eigenes Essverhalten (Vorbildfunktion)

Was wir unseren Kindern zumuten

Kinder wissen sehr wohl, was sie essen wollen. Voraussetzung dafür ist, sie haben freie Auswahl. Dass sie bei der Wahl aber auch genau die richtige Zusammenstellung für ihre körperlichen Bedürfnisse finden, bezweifeln viele Eltern.

Drei Kleinkinder wurden 1926 im Test über sechs Monate bei jeder Mahlzeit mit einem reichhaltigen Angebot aus tierischer und pflanzlicher Kost konfrontiert. Der Verzehr wurde exakt protokolliert und die darin enthaltenen Nährstoffe errechnet. Zur Verblüffung der Forscher wählten die Kleinkinder Lebensmittel, die ein Optimum für die Entwicklung von Knochen, Muskulatur, Nerven usw. darstellten. Die von den Kinder bevorzugten Geschmacksrichtungen, die sich von Zeit zu Zeit änderten, hatten darauf keinen negativen Einfluss. Die kleinen Testpersonen bewiesen damit, dass trotz individuellen Geschmacks eine bedarfsgerechte Nahrungsaufnahme bereits im Kindesalter stattfindet.

Vertrauen Sie auf die natürlichen Regulationsmechanismen. Sie sorgen dafür, dass sich schon die Allerjüngsten ausgewogen ernähren. Eine bedarfsgerechte Aufnahme von Nähr- und Mineralstoffen findet nachweislich bereits im Kindesalter statt.

Schon die Allerjüngsten wissen, was sie wollen – und wann es zu viel wird.

Runter mit den Pfunden

Kinder entwickeln sich unterschiedlich. Deshalb führen nur individuelle Diätmaßnahmen zum Erfolg.

Am Anfang sollte Ihre Planung stehen. Wenn Ihr Kind nicht dicker, sondern schlanker werden soll, müssen Sie ein Bündel von Maßnahmen koordinieren. Nicht irgendein Allheilmittel führt zum Ziel, sondern viele Vorgehensweisen wirken zusammen und führen zu einem nachhaltigen Erfolg. Arbeiten Sie mit Ihrem Kind zusammen, geben Sie ihm Unterstützung, gewähren Sie ihm aber auch Freiräume, um selbstständiges Handeln zu lernen.

Zeit zum Abnehmen

Das Dickwerden hat seine Zeit gebraucht, der umgekehrte Weg dauert ebenso lang. Eine universelle Diät kann niemand anbieten, da es sie nicht gibt.

Kinder brauchen individuelle Lösungen, da sie sich sehr unterschiedlich entwickeln. Wir können Ihnen deshalb immerhin ein breites Spektrum von Möglichkeiten anbieten, aus dem Sie die für Ihre Familie geeigneten Vorschläge auswählen können. Ob sie für Ihr Kind anwendbar sind, müssen Sie selbst entscheiden und ausprobieren. Unser Maßnahmenkatalog gilt für Kinder im Alter von 3 bis 13 Jahren.

Überprüfen Sie deshalb bei der Zusammenstellung Ihres Plans immer wieder, ob die gewählten Maßnahmen dem Alter und Entwicklungsstand Ihres Kindes angepasst sind. Je älter das Kind ist, desto mehr eigene Verantwortung und Entscheidungen sollte es auch in Sachen Essen übernehmen.

ACHTUNG

Diäten für Erwachsene sind für Kinder ungeeignet, da sie Entwicklung und Wachstum außer Acht lassen.

Nehmen Sie sich nicht zu viel vor. Legen Sie sich Ihre Ziele nur für kleine Etappen fest. Und noch etwas: Abnehmen beginnt im Kopf. Rezepte, die Sie und Ihr Kind zwar Punkt für Punkt befolgen können, die aber von Ihnen inhaltlich nicht akzeptiert werden, verändern das Ernährungsbewusstsein Ihres Kindes nicht wirklich nachhaltig. Sie haben meist nur für die Dauer der Maßnahme Bestand.

Alles, was Sie aus Einsicht und in Absicht selbst kreieren, hat die Chance, dass es später immer wieder von Ihnen erfolgreich genutzt bzw. eingesetzt werden kann.

Behalten Sie jedoch stets im Auge, dass die Persönlichkeit Ihres Kindes und nicht sein Gewicht im Vordergrund steht.

Die Umstellung von Ernährungsgewohnheiten, das Aufraffen zu mehr Bewegung und das Essen unter Kontrolle – all das erfordert sehr viel physische, aber auch psychische Energie, eine große Portion Geduld und ein erhebliches Maß an Durchhaltevermögen.

Die Psyche stärken

Kinder mit Übergewicht leiden meist nicht nur unter überflüssigen Pfunden, häufig wiegt die seelische Last mindestens ebenso groß. Der psychische Druck kann durch viele Ursachen erzeugt werden. Primär müssten diese Ursachen gefunden und beseitigt werden, um langfristige Erfolge zu erreichen. Allzu oft resultieren jedoch aus der unerwünschten Körperfülle selbst zahlreiche Probleme. Besonders schwer machen dicken Kindern die Attacken der Gleichaltrigen in Form von Ausgrenzung und Spott zu schaffen. Übergewichtige Kinder reagieren auf problematische Situationen meist mit Ausweichreaktionen, einer bewussten Selbstisolierung sowie zusätzlichem unkontrollierten Essen und Bewegungsverweigerung. Das Kind gerät in einen Teufelskreis von Abhängigkeiten, aus dem es nicht mehr ohne fremde Hilfe herauskommt.

Helfen Sie Ihrem Kind, seinen Körper zu akzeptieren und selbstbewusster zu werden. Erklären Sie Ihrem Kind, welche Ursachen sein Übergewicht haben kann. Ihr Kind sollte auf jeden Fall wissen, dass Dicksein keine Schandtat, sondern eine Art Krankheit ist. Helfen Sie Ihrem Kind auch zu verstehen, dass Beleidigungen durch Dritte meist auf Unwissenheit beruhen. Versteht Ihr Kind die Hintergründe, dann kann es spöttische Bemerkungen leichter verkraften.

Schaffen Sie Vertrauen

Machen Sie sich und insbesondere Ihrem Kind die Gründe bewusst, warum es abnehmen sollte. Je vertrauensvoller und offener Sie mit dem Thema umgehen, desto motivierter wird Ihr Kind das Ziel zu erreichen versuchen.

Möglicherweise sind Sie der einzige Verbündete, den Ihr Kind hat. Diese Position fordert von Ihnen besonders viel Verständnis und Geduld sowie ein Höchstmaß an Zuverlässigkeit.

Versprechen Sie daher nie etwas, was Sie nicht halten können. Deshalb sollten Sie auch gebremst mit Ihrem Ärger oder Zorn umgehen. Dicke Kinder haben meist kein dickes Fell. Sie sind sogar häufig sehr sensibel. Sie zeigen jedoch nicht immer offen ihre Betroffenheit, sondern »schlucken« die Kränkungen. Bedenken Sie immer wieder: Auch wenn Sie gute Gründe für eine Standpauke haben sollten, wägen Sie ab, ob Ihre Worte nicht mehr Schaden anrichten als Nutzen stiften.

Erhalten oder erwerben Sie sich das Vertrauen Ihres Kindes, indem Sie es mit allen seinen positiven und negativen Seiten akzeptieren und ernst nehmen.

Geben Sie keine falschen Versprechen

Es ist äußerst wichtig, dass Sie Ihrem Kind keine Hoffnungen auf eine Traumfigur machen. Bleiben Sie bei realistischen Maßen. Das Abnehmen funktioniert nicht von heute auf morgen, sondern es braucht, wenn es dauerhaft sein soll, eine lange Zeit. Überzeugen Sie Ihr Kind, dass es viel wichtigere Ziele gibt als eine »ideale« Figur.

Im Vordergrund sollten stehen: Mehr Freude am Leben, Spaß an der Bewegung, Erlebnisse mit Freunden und Familie sowie eine gute Gesundheit. Damit erreichen Sie, dass Ihr Kind nicht nach kurzer Zeit alle weiteren Maßnahmen enttäuscht ablehnt, weil es merkt, dass falsche Versprechen zu übersteigerten Anforderungen führen, die letztlich nicht erfüllt werden können.

»Wohlfühlfaktoren«

Je nach Alter und Erziehung haben Kinder unterschiedliche Ansichten darüber, was sie glücklich und zufrieden macht. Lassen Sie Ihr Kind in einer ruhigen halben Stunde doch einfach einmal entscheiden, welche der unten aufgeführten »Wohlfühlfaktoren« es selbst für wichtige »Glücksbringer« hält (bitte ankreuzen). Mit Schulnoten von 1 (optimal) bis 6 (sehr schlecht) kann es anschließend beurteilen, wie es seine persönliche Situation hinsichtlich der jeweiligen »Wohlfühlfaktoren« einschätzt.

Es geht in erster Linie darum, dass Ihr Kind seine ganz persönliche Situation einschätzt. Alles okay oder sollte sich etwas ändern?

STELLENWERT VON »WOHLFÜHLFAKTOREN«

»Wohlfühlfaktoren«	1	2	3	4	5	6
Schlanke Figur						
Fitness						
Ansprechendes Äußeres (Gepflegtheit)						
Ausreichend Geld						
Modische Kleidung						
Spaß mit Freunden						
Entspannte Familiensituation						
Gute Gesundheit						
Gutes Essen						
Erfolg in der Schule (im Beruf)						
Viel Entspannung (Ruhe)						
Viel Erleben (Freizeitaktivitäten, Reisen)						

1 = optimal *2 = gut* *3 = einigermaßen*
4 = weniger gut *5 = schlecht* *6 = sehr schlecht*

Helfen Sie Ihrem Kind, Mittel und Wege zu finden, schlechte Noten (4 bis 6) zu verbessern, wenn es Ihnen sinnvoll erscheint. Wenn Sie meinen, Ihr Kind setzt sich falsche Schwerpunkte, sprechen Sie darüber.

Führen Sie den Test auch einmal für sich selbst durch. Die Werte und Normen, die Eltern sich setzen, werden nämlich nicht selten auch von ihren Kindern übernommen. Machen Sie den Test nach etwa vier bis acht Wochen noch einmal. Haben sich die Einstellungen Ihres Kindes – oder Ihre eigenen Ansichten – verändert?

Suchen Sie die Ursachen

Verfolgen Sie die Entwicklung Ihres Kindes mit Aufmerksamkeit und Interesse. Schon kleinste Veränderungen im (Ess-)Verhalten können Hinweise auf ernsthafte Probleme sein. Sprechen Sie ruhig einmal mit Lehrern oder Eltern von Mitschülerinnen und Mitschülern.

Interessieren Sie sich für das alltägliche Umfeld Ihres Kindes. Versuchen Sie die Welt Ihres Kindes zu verstehen. Für Erwachsene als banal empfundene Problemchen, können Kindern manchmal heftiger zusetzen als vermutet. Nehmen Sie die Nöte Ihres Kindes ernst.

Wenn Sie merken, dass Ihr Kind beispielsweise häufiger in gedrückter Stimmung aus der Schule heimkehrt, sollten Sie den Grund ermitteln. Sind Sie ein Verbündeter Ihres Kindes, wird es Ihnen erzählen, ob es Probleme in der Schule oder mit den Schulkameraden hat. Wenn Ihr Kind keine Auskunft darüber gibt und sich auf solche Fragen hin schnell zurückzieht, sollten Sie die Ursache auf andere Art und Weise ermitteln. Dazu besteht etwa beim Elternabend in der Schule oder in der Lehrersprechstunde Gelegenheit. Oft sind jedoch unbeteiligte Schulkameraden eine schnellere und bessere Quelle, um die aktuelle Lage auszukundschaften.

Gehen Sie auch einmal selbst in sich und betrachten Sie möglichst nüchtern Ihr tagtägliches Familienleben. Könnten familiäre Konflikte – beispielsweise finanzielle Schwierigkeiten, Streitereien zwischen den Eltern oder gesundheitliche Probleme eines Familienmitgliedes – Ihr Kind belasten? Oder bedrücken das Kind zu hohe Erwartungen und daraus resultierender Leistungsdruck? Überlegen Sie: Welche Gründe könnte Ihr Kind haben, sich ein schützendes Speckpolster anzufuttern?

Selbstwertgefühl steigern

Es gibt unzählige Anlässe, um ein Kind zu loben. Auch kleine Begebenheiten sind durchaus ein Lob wert. Leider verlieren wir unter dem Druck des Alltags den Blick für die guten Seiten eines Menschen. Wenn Sie bisher allerdings mit Lob eher geizig waren, sollten Sie Ihr Kind nicht plötzlich damit überschütten. Loben können Sie beispielsweise kleine Hilfen, die Ihr Kind Ihnen entgegenbringt. Loben Sie selbst bescheidenste Erfolge in der Schule, wenn sie eine Verbesserung darstellen.

Hat Ihr Kind aufgrund seines Übergewichts Kränkungen, z. B. von Mitschülern, erfahren, sollten Sie alles daransetzen, sein angekratztes Selbstbewusstsein wieder aufzubauen.

Schenken Sie Ihrem Kind Aufmerksamkeit

Manchmal kann sogar eine Bemerkung ein Lob wert sein. Sie werden schnell merken: Ihr Kind erfährt durch Ihr Lob, dass Sie sich für seine Qualitäten und damit für seinen Alltag interessieren. Es wird dadurch zusätzlich motiviert, auch in anderen Bereichen seine Leistungen zu verbessern. Damit steigt das Selbstwertgefühl Ihres Kindes und möglicherweise verändert sich auch sein aus dem Lot geratenes Verhältnis zu den Mitschülern in eine positive Richtung.

Überlassen Sie Ihrem Kind Entscheidungen

Auch wenn einmal etwas schief geht, sollten Sie nicht gleich tadeln – aber auch nicht absichtlich Fehler übersehen. Bieten Sie stattdessen Ihre Hilfe an. So bleiben Sie Verbündeter und Ihr Rat, wie es besser gemacht wird, könnte Ihrem Kind zum Erfolg verhelfen. Sie sollten immer kurz begründen, warum Sie gerade diese Lösung vorschlagen. Falls Ihr Kind Ihren Vorschlag nicht annehmen möchte, reiten Sie nicht darauf herum, überlassen Sie Ihrem Kind die Entscheidung. Lassen Sie sich dadurch jedoch nicht verärgern. Platzieren Sie beim nächsten Mal Ihren Rat nicht als den besseren Lösungsvorschlag, aber bleiben Sie Ratgeber.

Helfen Sie Ihrem Kind sein Übergewicht zu verstehen

Hat sich ein Kind entschlossen abzunehmen, oder haben Sie es mit Argumenten von der Notwendigkeit überzeugen können, ist es wichtig, dass Sie Ihr Kind - tatkräftig - unterstützen und bei der Diätmaßnahme begleiten.

Ist Ihr Kind unzufrieden mit seiner Körperfülle? Dann braucht es wahrscheinlich nicht erst motiviert zu werden, etwas gegen die überflüssigen Pfunde zu unternehmen. Wenn es jedoch nicht einsieht, dass etwas passieren sollte, dann ist Ihre Motivationsarbeit gefragt. Gehen Sie mit gutem Beispiel voran, wenn Sie es selbst nötig haben, abzuspecken (natürlich nur, wenn Sie es tatsächlich nötig haben, siehe BMI, Seite 23f.). Erklären Sie Ihrem Kind auch, dass es anschließend weniger Probleme im Alltag haben wird.

Wichtig ist: Ihr Kind soll verstehen, warum manche Menschen dick und andere gertenschlank sind. Auf jeden Fall

Bewegungsspiele in der Gruppe oder gemeinsames Training – der erste Schritt zur erfolgreichen Gewichtsreduktion.

sollte klar werden, dass einerseits eine familiäre Veranlagung besteht, dass andererseits aber auch das tägliche Bewegungspensum und die jeweiligen Essensgewohnheiten eine wichtige Rolle spielen. Ihr Kind sollte keinerlei Schuldgefühle haben, wenn es um seine Körperfülle geht.

Fachliche Hilfe suchen

Wenn Sie das Gefühl haben, selbst durch Ihre berufliche, familiäre oder finanzielle Situation überfordert zu sein, scheuen Sie sich nicht davor, Hilfe bei Außenstehenden zu suchen. Das Gleiche gilt natürlich, wenn Sie erahnen, dass die Leibesfülle Ihres Kind auf einer festgefahrenen psychologischen Situation beruhen könnte. Vielleicht finden Sie in der Adressliste (Seite 124) eine passende Kontakt- oder Hilfestelle.

Auch die Krankenkassen bieten Gruppentherapien im Rahmen von Diätmaßnahmen an. Fragen Sie einfach bei Ihrer Versicherung nach. Informationen erhalten Sie auch bei Selbsthilfeorganisationen (siehe Seite 124).

Schließen Sie sich einer Gruppe an

Viele erfolgreiche Diätmaßnahmen von Krankenkassen und anderen Gesundheitsorganisationen basieren auf Gruppenarbeit. Unter gleichermaßen Betroffenen geht vieles leichter. Erkundigen Sie sich, ob es in Ihrer Nähe eine Selbsthilfegruppe für Sie und Ihr Kind gibt. Fragen Sie bei Ihrer Krankenkasse oder anderen Krankenkassen nach, ob zum Thema »dicke Kinder« Kurse oder Informationsabende veranstaltet werden.

Sie können auch mit anderen gleichermaßen betroffenen Eltern in Eigeninitiative eine Selbsthilfegruppe gründen.

Informationsstelle zum Thema Selbsthilfe

Nähere Informationen und fachliche Unterstützung zur Gründung einer Selbsthilfegruppe erhalten Sie bei der Nationalen Kontakt- und Informationsstelle zur Anregung und Unterstützung von Selbsthilfegruppen (NAKOS), Albrecht-Achilles-Straße 65, 10709 Berlin, Telefon 030/8914019, Fax 030/8934014.

Was dicke Kinder essen dürfen

Hauptbestandteil der optimierten Mischkost: pflanzliche Lebensmittel.

Dicke Kinder brauchen keine Zwangsdiät. Es gibt keine strikt vorgeschriebenen und keine obligatorischen Lebensmittel. Im Prinzip dürfen dicke Kinder auch alles das essen, was normalgewichtige Altersgenossen bekommen.
Allein das Mengenverhältnis bestimmter Lebensmittel unterliegt Regelungen, damit das Kind nicht zu viel Fett, nicht zu viel Zucker, aber trotzdem alle notwendigen Nährstoffe – Proteine, Vitamine, Mineralstoffe und Spurenelemente – in ausreichenden und ausgewogenen Mengen bekommt.

Die optimierte Mischkost

Das Institut für Kinderernährung in Dortmund hat unter der Bezeichnung optimierte Mischkost einen speziellen Ernährungsplan für Kinder erarbeitet. Prinzipiell wurden dabei die Empfehlungen der Deutschen Gesellschaft für Ernährung (DGE) berücksichtigt. Das Ziel der Empfehlung ist es, den Kindern frühzeitig ein Gefühl für die richtige Lebensmittelkombination zu vermitteln.

Auch während der Diät gilt: Gegessen werden darf alles – aber in der richtigen mengenmäßigen Zusammensetzung.

Auf die Mengenverhältnisse kommt es an

Wichtig dabei ist vor allem: Es gibt keine verbotenen Lebensmittel, allein die richtigen Mengenverhältnisse der einzelnen Lebensmittel entscheiden über den wahren Gesundheitswert der täglichen Kost.

Die wichtigsten Prinzipien der optimierten Mischkost für Kinder

- Reichlicher Verzehr pflanzlicher Lebensmittel (Salate, Gemüse, Obst, Getreideprodukte, Hülsenfrüchte)
- Mäßiger Verzehr tierischer Lebensmittel (Fleisch, Wurst, Eier, Fisch, Milchprodukte, Käse)
- Sehr sparsame Verwendung von Speisefetten (Butter, Margarine, Bratfette, pflanzliche Öle)
- Auswahl von Lebensmitteln mit hoher Nährstoffdichte. Das heißt: Es sollten Lebensmittel bevorzugt werden, die möglichst wenig Kalorien, jedoch möglichst viele Mineralstoffe, Spurenelemente und Vitamine beinhalten.
- Die durch Süßigkeiten und zuckerreiche Nahrungsmittel zugeführte Nahrungsenergie sollte nicht mehr als 20 Prozent ausmachen. Die daraus abgeleiteten Mengenempfehlungen entnehmen Sie der nachfolgenden Tabelle.

Eine optimale Ernährung kann nur durch eine ausgewogene Mischkost mit einem hohen Anteil an Obst, Gemüse und Vollkornprodukten erreicht werden. Tierische Lebensmittel sollten nur einen kleinen Teil der Nahrung ausmachen.

Fett vermeiden

Das A und O für Abnehmwillige ist in jedem Fall: fettes Essen vermeiden.

Wer gut und gerne isst, der schaut allerdings nicht erst auf Tabellen oder Listen, um abzulesen, ob dieses oder jenes Lebensmittel nun der Figur besonders zuträglich ist. Es gibt jedoch einige generelle Tricks, um eine große Portion Fett einzusparen, ohne es zu merken. Dazu muss nicht nur die Butter dünn aufs Brot gekratzt werden.

Mit »Raumfahrtschrott« Fett sparen

Sehr viel Fett lässt sich bei der Zubereitung von Speisen sparen. Braten, schmoren – mit oder ohne Sauce – macht den Kohl gewissermaßen nur dann fett, wenn auch wirklich Fett mit von der Partie ist.

Als segensreiche Erfindung hat sich ein Abfallprodukt aus

der Raumfahrt in der kalorienbewussten Küche etabliert: beschichtete Pfannen und Töpfe. In ihnen kann ohne oder mit ganz wenig Fett gebraten und gegart werden. Es gibt aber auch Töpfe und Pfannen aus unbeschichtetem Stahl, die eine fettfreie Zubereitung ermöglichen.

EMPFOHLENE UND GEDULDETE LEBENSMITTEL MIT VERZEHRMENGEN

Alter in Jahren	1	2–3	4–6	7–9	10–12	13–14	15–18
Lebensmittelmenge							
Getränke (ml/Tag)	600	700	800	900	1000	1200	1400
Brot, Getreide (g/Tag)	80	120	170	200	250	280	300
Kartoffeln, Nudeln, Reis, Getreide (g/Tag)	80	100	120	140	180	200	250
Gemüse (g/Tag)	100	120	180	200	230	250	300
Obst (g/Tag)	100	120	180	200	230	250	300
Milch, Milchprodukte (ml oder g/Tag)	300	330	350	400	420	450	500
Fleisch, Wurst (g/Tag)	40	50	60	70	80	90	90
Eier (Stück/Woche)	1	1	2	2	2	3	3
Fisch (g/Woche)	50	70	100	150	180	200	200
Margarine, Butter, Öl (g/Tag)	10	15	20	25	30	30	35
Süßigkeiten, Kuchen (geduldet, weniger als g/Tag)	30	30	40	40	50	50	70
Marmelade, Zucker (geduldet, weniger als g/Tag)	10	10	10	10	10	10	20

Ohne Fett lässt sich beispielsweise eine Forelle in Alufolie garen. Das spart 120 Kalorien; Kabeljau ohne Panade und Fett spart 200 Kalorien.

So viele Kalorien können auch bei einem mageren Rindersteak, einem Schweineschnitzel, einer Hühnerbrust oder einem Putenschnitzel eingespart werden. Beim Gemüse ist der Effekt ebenfalls spürbar. Bohnen fettlos zubereitet sind 120 Kalorien ärmer als die in Fett geschwenkte Variante. Wirsing wird so ebenfalls um 120 Kalorien abgespeckt und Kartoffeln verlieren 120 Kalorien, wenn sie nicht gebraten, sondern nur gekocht oder gedämpft werden.

So bekommt Ihr Kind weniger Fett ab

Bevorzugen Sie magere Fleischsorten wie Pute und Hähnchen. Steigen Sie bei Schwein und Rind auf fettarme Fleischstücke wie Filet und Lende um. Kaufen Sie lieber hochwertige Qualität zu einem höheren Preis, dafür gibt es dann eben seltener Fleisch – ein- bis zweimal die Woche genügt völlig.

Wenn Fleischstücke einen sichtbaren Fettansatz haben, dann schneiden Sie diesen ab. Normalerweise ekeln sich Kinder sowieso davor.

Innereien wie Leber, Milz und Nieren beinhalten viel Fett. Auch Zunge ist ein wahres Fettpolster. Wenn Sie exotische Speisen lieben oder es eben einmal etwas Besonderes sein soll, dann sollten Sie herkömmliche magere Fleischstücke auswählen und diese einfach mit exotischen Gewürzen, ausgefallenem Gemüse wie Okraschoten oder Beilagen wie Glasnudeln oder Wildreis zubereiten.

Wollen Sie eine leckere Sauce ohne viel Fett kochen? Dünsten Sie einfach Gemüse Ihrer Wahl, pürieren Sie es mit dem Pürierstab und schmecken Sie es mit Salz, Pfeffer, Gewürzen und einem kleinen Schuss Milch oder Sahne ab. Fertig ist eine schmackhafte, delikate und fettfreie Sauce.

Kochen Sie häufiger einmal vegetarisch. Vegetarische Gerichte haben ein ausgesprochen gesundes Verhältnis von Kohlenhydraten (viel), Eiweiß (ausreichend) und Fett (wenig).

Butter ist leicht verdaulich und daher in der Kinderernährung wichtig. Übergewichtige Kinder sollten jedoch auf Butter verzichten. Stattdessen bieten sich magere Käse oder Quarkaufstriche als Brotbelag an. Außerdem sollten die Kinder verstärkt Magermilchprodukte essen: Sie enthalten mehr wertvolles Eiweiß und Kalzium als fettreiche Produkte.

Steht Ihr Kind auf Frittiertes? Dann sollten Sie ihm Pommes frites oder Calamari fritti auch ab und zu anbieten, aber keinesfalls täglich (maximal ein- bis zweimal pro Woche). Gerade in Fett gebackene Speisen sind nach der Zubereitung die reinsten Fettbomben. Bei Pommes frites schneiden übrigens Backofenfritten häufig viel besser ab als herkömmliche.

Fettgebackenes sollte nur selten auf dem Familienspeiseplan stehen. Und wenn, dann lassen Sie es vor dem Servieren auf Küchenpapier gründlich abtropfen .

Eier verstecken ihr Fett im Eigelb. In einem Ei finden sich immerhin sieben Gramm Fett. Sparen Sie beim Eierverbrauch. Übrigens: Auch Omega-6-Eier und ähnliche sind fettreich.

Verwenden Sie Streichfett wie Butter und Margarine sparsam. Wenn Ihr Kind darauf besteht, ein saftiges Butterbrot zu bekommen, dann können Sie auch auf Halbfettmargarine oder Halbfettbutter umsteigen. Es gilt allerdings auch dann: Mit Streichfett geht man sparsam um.

Sahne und Crème fraîche lassen sich je nach Verwendungszweck auch durch Milch, Schmand, Sauerrahm oder Jogurt ersetzen:

- Crème fraîche: 40 Gramm Fett/100 Gramm
- Sahne: 32 Gramm Fett/100 Gramm
- Schmand: 24 Gramm Fett/100 Gramm
- Sauerrahm: 10 Gramm Fett/100 Gramm
- Jogurt: 3,5 Gramm Fett/100 Gramm

Wurst ist ein ideales Fettversteck

Achten Sie beim Einkauf auf den auf Verpackungen angegebenen Fettgehalt. Fragen Sie auch bei Ihrem Metzger nach dem Fettgehalt der Ware. Mehr als 25 Gramm in 100 Gramm sollten Sie jedenfalls vermeiden.

Testen Sie Alternativen zu Wurst und Käse: Leckere, fettarme Brotbeläge auf Gemüse-, Getreide- oder Sojabasis finden

FETTGEHALT VON WURSTWAREN

Fettarme Wurstsorten (je 100 g)	
✳ Schinken (ohne Fettrand)	3 g Fett
✳ Geflügelwurst (mager)	5 g Fett
Mittlerer Fettgehalt (je 100 g)	
✳ Bierschinken	11 g Fett
✳ Jagdwurst	16 g Fett
Wurst mit viel Fett (je 100 g)	
✳ Gelbwurst	27 g Fett
✳ Knackwurst	28 g Fett
✳ Fleischwurst	28 g Fett
✳ Leberwurst, grob	29 g Fett
✳ Mortadella	33 g Fett
✳ Salami	33 g Fett
✳ Cervelatwurst	35 g Fett
✳ Mettwurst	37 g Fett

Vermeiden Sie während des Abnehmens weitgehend fette Wurstwaren. Nahezu alle Wurstsorten enthalten viel Fett. Als Alternative empfehlen sich Brotaufstriche auf Gemüse-, Getreide- oder Sojabasis.

Sie in den Reformabteilungen der Supermärkte, in Naturkostläden oder Reformhäusern. Wenn Sie nicht beim ersten Testkauf vom Geschmack begeistert sind, probieren Sie andere Geschmacksvarianten. Achten Sie aber auch hier auf angegebene Fettgehalte.

Schneiden Sie Brotscheiben nicht hauchdünn, sondern fingerdick. Brot ist nicht fett und macht nicht dick. Belegen Sie Brot und Brötchen nicht so dick wie einen Hamburger. Besser: Auf eine dünne Wurst- oder Käseschicht kommen zusätzlich frisch geschnittene Paprikastreifen, Tomaten- oder Gurkenscheiben, Olivenhälften, scharfe Paprika oder je nach Geschmack auch Obstschnitze.

Essen Sie mehr Obst, Gemüse und Getreideprodukte, denn diese enthalten viele Kohlenhydrate und Ballaststoffe und machen satt, ohne dass sie das Fettkonto erhöhen.

Vermeiden Sie den Einkauf und die Lagerung von fetten Süßigkeiten und Knabberwaren, wie Pralinen, Schokolade, Kartoffelchips, Erdnussflips etc. Wenn Sie Naschvorräte anlegen, wählen Sie besser: Popcorn (ohne Butter), getrocknete Apfelringe, Gummibärchen, Salzstangen. Derartige Naschereien enthalten nämlich wenig oder gar kein Fett.

Die Auswahl der richtigen Speisefette

Grundsätzlich gilt: Fett vermeiden. Wenn Sie Fett verwenden, dann in erster Linie pflanzliche Öle und Fette. Sie enthalten die lebenswichtigen essenziellen Fettsäuren in hoher Konzentration.

Die weitgehende Reduktion von Fett soll keinesfalls zum totalen Verzicht führen. Viele Fette enthalten Bestandteile, die für den Menschen essenziell sind. Ihre Zufuhr über Nahrungsmittel ist deshalb lebensnotwendig. Dies bedeutet, dass er diese Stoffe nicht selbst produzieren kann. Dazu gehören die einfach ungesättigten und die mehrfach ungesättigten Fettsäuren. Sie sind vor allem in so genannten hochwertigen pflanzlichen Ölen, aber auch im Fett von Seefischen enthalten. Jugendliche brauchen besonders viele ungesättigte Fettsäuren für das Wachstum. Gesättigte Fettsäuren führen zu einem hohen Blutfettspiegel (Triglyzeride, Cholesterin) und damit zu Herz-Kreislauf-Erkrankungen durch Verengung der Arterien (Arteriosklerose).

WENN SCHON FETT, DANN UNGESÄTTIGT

Fette und Speiseöle	Gesättigte Fettsäuren	Einfach ungesättigte Fettsäuren	Mehrfach ungesättigte Fettsäuren
Olivenöl	19%	73%	8%
Maiskeimöl	17%	32%	51%
Sonnenblumenöl	8%	27%	65%
Sojaöl	14%	24%	62%
Butter	64%	33%	3%
Palmkernfett	83%	15%	2%
Kokosfett	92%	6%	2%

Zum Braten und Kochen eignen sich am besten Fette mit wenig mehrfach ungesättigten Fettsäuren. Wenn man nur selten kocht, kann man dafür Palmkernfett verwenden. Wenn häufiger mit Fett gekocht wird, dann sind Olivenöl oder Sojaöl ein geeigneter Kompromiss, wenn sie nicht zu stark erhitzt werden. Braten Sie mit hochwertigem Öl lieber auf kleinerer Flamme, dafür dann eben etwas länger.

Hochwertige Speiseöle mit vielen mehrfach ungesättigten Fettsäuren sind hervorragende Grundlagen für Salatdressings, Marinaden u.Ä.

Zucker ja, aber in Maßen

Es ist ernährungsphysiologisch unbestritten besser, weniger Zucker zu essen. Zucker bringt zusätzlich überflüssige Kalorien in den Körper. Diese machen zwar nicht unmittelbar dick, ein hoher Zuckerkonsum unterstützt jedoch die Entwicklung von Übergewicht. Stark gesüßte Speisen animieren nämlich Kinder häufig, wesentlich mehr zu essen, als sie ihrem Hungergefühl nach essen würden. Dass die Süße eine wichtige Geschmackskomponente ist, bleibt unbestritten. Wenn ein Rezept Süße verlangt, sollte darauf nicht verzichtet werden. Der Süßgeschmack ist jedoch so individuell wie der Fingerabdruck. Beispielsweise genügen dem einen Kind vier Löffel Zucker im Tee immer noch nicht, ein anderes Kind begnügt sich dagegen schon mit einem halben Teelöffel.

Wenn Ihr Kind viel Zucker mag: Eine langsame Reduzierung auf wenig Zucker ist ohne Geschmackseinbuße möglich. Achten Sie bei Rezepten für Desserts, Kuchen, Marmeladen und anderen Süßspeisen auf die Zuckermenge. Oft lässt sich der Zucker ohne Beeinträchtigung des Geschmacks einschränken. Wenn Ihr Kind gerne Kakao trinkt, sollten Sie den Kakao selbst zubereiten. Die handelsüblichen Instantmischungen enthalten über 70 Prozent Zucker.

Übergewichtige können den Süßgeschmack von Speisen weniger exakt einschätzen als Normalgewichtige. Ob dies Folge oder Ursache des Übergewichts ist, ist allerdings bislang ungeklärt.

Zucker versteckt sich auch hinter Begriffen wie ...

Glukose, Glukosesirup, Maltose, Maltodextrin, Traubenzucker, Dextrose, Raffinose, Rübenzucker, brauner Zucker, Ursüße, Honig, Zuckerrübensirup, Fruchtzucker, Fruktose, Milchzucker, Laktose.

Oftmals werden in der Zutatenliste von verpackten Lebensmitteln mehrere Begriffe aufgeführt. Die exakte Menge des Gesamtzuckergehalts erhalten Sie, indem Sie die angegebenen Mengen einfach addieren.

ZUCKER- UND KALORIENGEHALT VON GETRÄNKEN

Berechnet auf Basis einer Portionsgröße von 200 Milliliter

Getränk	Zuckergehalt	Energiegehalt
Cola	22 g	88 kcal
Cola, light	1 g	4 kcal
Fruchtnektar	16 g	72 kcal
Multivitaminnektar	22 g	94 kcal
Orangensaft, ungezuckert	20 g	94 kcal
Kakao-Milch-Getränk (eigene Zubereitung)	20 g	118 kcal
Trinkschokolade (»Kaba«)	25 g	205 kcal
Apfelsaft	24 g	92 kcal
Mineralwasser	0 g	0 kcal
Apfelsaftschorle (40% Saft)	10 g	37 kcal
Früchtetee, ungesüßt	0,25 g	1 kcal
Instant-Früchtetee (mit Traubenzucker)	18 g	69 kcal
Milch (3,5% Fett)	10 g	128 kcal
Milch, fettarm (1,5% Fett)	10 g	96 kcal

Als Getränke während einer Diät eignen sich Mineralwässer, verdünnte Obst- und Gemüsesäfte, Kräuter- und Früchtetees am besten. Es gilt: Viel trinken, aber möglichst ohne Kalorien.

Trinken, trinken, trinken

Jeder Körper, der abnimmt, braucht viel Flüssigkeit, um überflüssige Stoffwechselprodukte aus dem Fettabbau ausschwemmen zu können. Mindestens ein bis eineinhalb Liter Flüssigkeit pro Tag sind Pflicht; besser noch ist eine Steigerung auf zwei Liter. Damit die Getränke die Kalorienbilanz nicht aus dem Lot bringen, sollte auf kalorienarme, weitgehend ungesüßte Getränke umgestiegen werden. Besonders geeignet sind Tees, Wasser oder verdünnte Fruchtsäfte.

Wichtig: Milch ist ein wertvoller Kalzium- und Eiweißlieferant und sollte daher auf dem Speiseplan keines Kindes fehlen. Milch hat jedoch gleichzeitig eine ganze Menge Fettenergie und gilt deshalb nicht als Getränk sondern als Lebensmittel.

Wer weniger isst, muss mehr trinken: Durch die Nahrungsreduktion fehlt auch das in den Lebensmitteln enthaltene Wasser.

Das Energietagebuch

Selbstverständlich weiß jeder, was er täglich isst. Doch meist nur so ungefähr. Genau wird die Sache erst, wenn ein persönliches Tagebuch über Essen und Trinken geführt wird. Es erfasst nicht nur die Hauptmahlzeiten, sondern auch alle Snacks, Leckereien und die Motive bzw. Auslöser des Essens.

Führen Sie doch einmal über ein bis zwei Wochen Buch über alles, was Sie essen und trinken. Sie werden merken, dass ein derartig detailliertes Ernährungsprotokoll ganz schön aufwendig ist.

Der Lohn für Ihre Mühen: Sie merken schnell, was Sie essen, wenn Sie Hunger haben und was Sie essen, wenn es eben gerade angeboten wurde, weil es so gut roch, aussah etc. So können Sie entdecken, wo, wie und wann Sie ein Zuviel an Fett oder Kalorien verputzen und worauf Sie in Zukunft besser verzichten sollten.

Selbstverständlich können Sie das Tagebuch auch für Ihr Kind führen. Sie müssen ihm dann allerdings erklären, dass es sich möglichst genau merkt, was es tagsüber ohne Ihr Beisein gegessen hat. Abends tragen Sie es gemeinsam – ohne etwas zu unterschlagen – in sein Ernährungstagebuch ein. Den Plan können Sie einfach aus dem Buch herauskopieren.

MEIN GANZ PERSÖNLICHES TAGEBUCH VOM ESSEN UND TRINKEN		
Datum/Tag		
Wann? z. B. Frühstück, Kaffee, Abendessen	Wo? z. B. Imbissstand, zu Hause	Warum? z. B. Hunger, Einladung, Langeweile, Heißhunger, schlechte Laune

<table>
<tr><th colspan="3">MEIN GANZ PERSÖNLICHES TAGEBUCH VOM ESSEN UND TRINKEN</th></tr>
<tr><td colspan="3">Datum/Tag</td></tr>
<tr><td>Wie viel?
z.B. 1 Portion,
1 Tasse, 1 Stück</td><td>Was?
z.B. Schweinebraten
Suppe, Fisch,
Getränke</td><td>Wie viele Kalorien?
Die errechnete
Summe aus
Essen und Getränken</td></tr>
<tr><td></td><td></td><td></td></tr>
<tr><td></td><td></td><td></td></tr>
<tr><td></td><td></td><td></td></tr>
<tr><td></td><td></td><td></td></tr>
<tr><td></td><td></td><td></td></tr>
<tr><td></td><td></td><td></td></tr>
<tr><td colspan="3">TAGESSUMME:</td></tr>
</table>

Bewusstes Essen leicht gemacht

Wichtig ist vor allem: Ihr Kind sollte Spaß am Essen haben.

Essen ist ein Alltagsgeschäft. Bei gesunden, normalgewichtigen Menschen stellen Essen und Ernährung grundsätzlich kein Problem dar. Anders bei Übergewichtigen. Sie haben häufig das richtige Augenmaß für ihre Ernährung entweder gar nicht gelernt oder aber bereits verloren. Für Dicke, die unter ihrem Übergewicht leiden, gilt Essen häufig als sündige Tat, als Ursache für ihr Übergewicht, also als etwas Unangenehmes, über das man nicht gerne spricht oder nachdenkt. Dicke geraten damit häufig in einen Strudel von falschem Essverhalten, das ihr Problem zunehmend verschlimmert.

Eine gesunde Beziehung zum Thema Essen finden

Essen ist nicht nur einfach Nahrungsaufnahme, um die Körperfunktionen aufrechtzuerhalten – Essen ist Genuss und macht Spaß.

Helfen Sie Ihrem Kind dabei, Spaß am Essen zu finden – oder zu behalten. Helfen Sie ihm aber auch bei der Entwicklung von Eigenverantwortung in Sachen Essen, und leben Sie ihm vor, wie man im alltäglichen Leben eine ausgewogene, fettarme Ernährung praktiziert.

Einkaufen mit Bedacht

Kaufen Sie in Zukunft nur noch geplant ein. Legen Sie zu Hause und möglichst unter Mithilfe Ihres Kindes eine Einkaufsliste an. Weichen Sie im Geschäft nicht davon ab. Ausnahme: Ein bestimmtes Lebensmittel ist nicht vorrätig.

Selbstverständlich kann Ihr Kind je nach Alter auch allein einkaufen. Dann sollten Sie jedoch stets darauf achten, dass es keinesfalls mit leerem Magen losmarschiert. Falls das Einkaufen nach Plan durch Spontankäufe gestört wird: Sprechen Sie mit Ihrem Kind nach dem Einkauf darüber, warum es von der Vereinbarung abgewichen ist.

Drohen Sie nicht mit Strafen, erzwingen Sie nichts.

Lehnen Sie Geschenke beim Metzger, Bäcker und anderswo für Ihr Kind nicht vorschnell ab. Beziehen Sie es in die Entscheidung, ob ja oder nein, mit ein. Erinnern Sie es an die Vorsätze. Will es trotzdem das Wurststück oder die Bonbons, sollten Sie es zulassen.

Wenn Ihr Kind schon lesen kann: Lassen Sie es auf verpackten Lebensmitteln die Zutatenliste lesen und mit der eines Konkurrenzproduktes vergleichen.

Beschäftigen Sie Ihr Kind in der Küche

Lassen Sie Ihr Kind beim Einräumen eingekaufter Lebensmittel helfen. Vermeiden Sie Geheimnisse, wo etwas aufbewahrt wird. Je offener Sie deklarieren, wo die verführerischen Lebensmittel stehen, umso weniger wird das Kind danach suchen. Ein Motiv für heimliches Essen verbotener Lebensmittel wird dadurch beseitigt.

Fördern Sie das Interesse Ihres Kindes an Küche, Kochen und Essen. Je nach Altersstufe können Sie Ihren Sprössling beim Einkauf der Lebensmittel oder bei der Zubereitung der Mahlzeiten »einspannen«. Motivieren Sie Ihr Kind regelrecht zum Mitmachen.

Integrieren Sie Ihr Kind in handwerkliche Tätigkeiten beim Zubereiten der Speisen. Bevor Sie kochen, fragen Sie, ob es helfen möchte und schlagen Sie altersgemäß zumutbare, verantwortliche Arbeiten vor: Salatsauce zubereiten, Schnitzel panieren, Zutaten abwiegen, Gemüse putzen und zerkleinern, Belegen von Pizza, Torte, Kuchen, Waschen und Schälen von Obst. Einfache Kochvorgänge können Sie selbstverständlich auch Ihrem Kind übertragen, z.B. das Umrühren.

Lassen Sie sich Zeit beim Erläutern von Maßen und Gewichten.

Gemeinsame Küchenaktivitäten – so fördern Sie das Interesse Ihres Kindes für die – richtigen – Nahrungsmittel.

Überlegen Sie mit Ihrem Kind gemeinsam, wo Sie beim Zubereiten überall Kalorien sparen können.

Lassen Sie Ihr Kind selbstverantwortlich den Tisch decken und schmücken. Bestimmen Sie jedoch die Ausstattung (Geschirr, Besteck, Servietten etc.).

Keine Regel ohne Ausnahme

Klären Sie mit Ihrem Kind Freiräume rechtzeitig ab.

Verbote, auch wenn sie noch so sinnvoll erscheinen, sind ein unsicheres Druckmittel. Erstens müssen darauf grundsätzlich Konsequenzen folgen, zweitens verführen Verbote immer zum Übertreten und drittens erfolgt eine völlige Aufgabe der Vorsätze nach dem Motto: Ist der Ruf erst ruiniert, lebt es sich ganz ungeniert.

Vereinbaren Sie anstelle von Verboten mit Ihrem Kind, dass es einen Ermessensspielraum nutzen darf. Erläutern Sie Ihrem Kind aber auch, warum es besser wäre, ihn möglichst nicht zu nutzen. Wenn Sie Ihr Kind stets als gleichberechtigten Partner behandeln, wird es Ihren Argumenten folgen.

Tücken vermeiden

Wer seine Ernährung umstellt, braucht dazu möglichst überschaubare Verhältnisse. Aber auch bei Kindern kann etwas Unvorhergesehenes dazwischenkommen – etwa eine lang ersehnte Einladung bei Freunden oder ein Schulausflug. Dann sollte die kalorienbewusste Ernährung für diese Zeit ausgesetzt werden. Voraussetzung ist allerdings, dass danach wieder die reduzierte Ernährung fortgesetzt wird. Sie sollten jedoch nicht alle möglichen Esssünden sanktionieren. Sprechen Sie mit Ihrem Kind ab, welche Lebensmittel in welchen Mengen außer Haus gegessen werden können. Handeln Sie beispielsweise aus, »Wenn du Cola trinkst, dann gibts aber keine Pommes«. Drohen Sie keinesfalls mit Strafen, falls absehbar ist, dass Ihr Kind sich nicht an eine Vorgabe halten könnte. Verwenden Sie besser das Argument, dass es sich durch jede Übertretung selbst schadet und es danach immer schwieriger wird, konsequent zu bleiben.

Vergessen Sie die Volksweisheit »Vertrauen ist gut, Kontrolle ist besser«. Ihr Kind ist gleichberechtigter Partner! Glaubt es, kontrolliert zu werden, kann dies zum gleichen Effekt wie im Falle von Verboten oder Zwängen führen.

Ausrutscher verzeihen

Üben Sie Nachsicht im Fall der Verführung. Eine typische Notsituation wird beispielsweise schon durch duftendes Gebäck in einer Straßenauslage provoziert. Der aromatische Geruch mobilisiert nicht das denkende Gehirn, sondern trifft zielgerichtet die Magengrube und lässt das Wasser im Mund zusammenlaufen. Selbst konsequente Erwachsene lassen sich dann hinreißen.

Vermeiden Sie typische Notsituationen. Überlegen Sie sich zusammen mit Ihrem Kind praktikable Strategien.

Kein Überangebot

Kinder können durch ein überreichliches Angebot auf dem Tisch leicht überfordert werden, eine für sie richtige Speisenkombination auszuwählen. Sie können Ihrem Kind dabei helfen, indem Sie die Vielfalt und die Menge der angebotenen Speisen begrenzen.

Nussnougatcreme enthält nicht annähernd so viel Gesundheit und Fitness, wie die Werbung uns vorgaukelt. Der Hauptbestandteil des »Kinderfängers« ist Zucker – 50 Prozent! Fett steht dem mit 35 Prozent allerdings nur um weniges nach! Das summiert sich auf 550 Kilokalorien pro 100 Gramm.

Trotzdem sollten Sie natürlich nicht nur eintönige Kost und jeden Tag dasselbe anbieten. Wechseln Sie tageweise ab: Beispielsweise ist Montag Käsetag, Dienstag Marmeladentag, Mittwoch Wursttag, am Donnerstag gibt es ein Ei usw. Damit es nicht monoton wird, bringen Sie möglichst viel Abwechslung durch Obst- und Gemüsebeilagen ins Spiel.

Vielfach ist jedoch gar nicht das reichhaltige Angebot verführerisch, sondern das schlichte Vorhandensein von Lieblingsbrotaufstrichen. Dann sollten Sie unbedingt aushandeln, wann beispielsweise Nussnougatcreme auf den Tisch kommt und wie viel davon gegessen werden darf. Finden Sie Kompromisse.

Portionsgrößen – weniger ist mehr

Dicke Menschen haben häufig ihre natürliche Essbremse verloren. Sie spüren oder beachten nicht, dass der Hunger nachlässt. Teller werden komplett geleert, auch wenn schon lange vorher der Gürtel spannt.

Kinder, die dick sind, sollten das angemessene Einteilen von Essensrationen deshalb ganz bewusst neu erlernen. Nur vorbildhaftes – und gegebenenfalls zurückhaltendes – Verhalten der Eltern kann verhindern, dass der Teller überladen und der Magen des Kindes überfüllt wird. Grundsätzlich sollten Sie daher bei jeder Mahlzeit beachten:

- Wenn Sie die Essensportionen Ihres Kindes bemessen, legen Sie nur sparsam auf. Ein Nachschlag ist selbstverständlich erlaubt, aber nur auf Wunsch des Kindes. Beachten Sie auch die Vorlieben Ihres Kindes. Zwingen Sie ihm nichts auf, was ihm absolut nicht schmeckt.
- Wenn Ihr Kind schon etwas älter ist, dann sollte es sich auch schon selbst bedienen dürfen. Seien Sie in diesem Fall ganz be-

wusst ein Vorbild und üben Sie sich im kleinen Portionieren.

✳ Vergessen Sie die Kochtopf-und-Nachschlag-in-der-Küche-Methode. Schüsseln auf dem Tisch vermitteln nicht nur den Eindruck, dass man sich jederzeit nachlegen kann. Auch die Portionen bleiben beim Anblick des Nachschubs in aller Regel kleiner.

✳ Vermeiden Sie hastiges Essen. Wenn im Minutentakt gegessen wird, ziehen Sie »Schnellschaufler« heran. Genießen Sie stattdessen Bissen für Bissen mit den Augen und dem Gaumen. Unterbrechen Sie das Essen öfter, um zu trinken oder um ein Gespräch zu führen.

✳ Kinder essen oft mehr mit den Augen als mit dem Mund. Zwingen Sie das Kind nicht aufzuessen, auch wenn es sich den Teller selbst gefüllt hat.

✳ Suppe und Nachtisch gehören zum klassischen bürgerlichen Menü. Oftmals sind aber weder Vorspeise noch Nachspeise nötig. Besser ist, Sie ergänzen mit Suppe oder Dessert nur dann die Mahlzeit, wenn das Hauptgericht »dünner« ausgefallen ist.

Die Augen sind bei Kindern oftmals größer als der Magen. Dennoch: Lassen Sie Ihre Kind seinen Teller selbst anrichten. Oder lassen Sie ihm zumindest die Möglichkeit, die Mengen der einzelnen Speisen selbst zu bestimmen. Lassen Sie sich dabei von reichlicherem Essen oder von Nahrungsverweigerung nicht zu Lob oder Tadel hinreißen; verzeihen Sie Ausrutscher.

Zwingen Sie Ihr Kind nicht, den Teller leer zu essen. Es weiß selbst am besten, wann es genug hat.

Erzwingen Sie nicht den Verzehr

Wenn das Kind den Salat, die Tomate, die Karotten oder anderes Gemüse nicht essen mag, dann sollten Sie gelassen bleiben. Wird das Thema zum Streit, kann das dem Kind auf Dauer Ihre Empfehlungen vermiesen.

Besser ist: Auch wenn Ihr Kind zeitweise nur einseitig isst und Gemüse und Obst links liegen lässt, sollten Sie das ohne Unmut tolerieren. Bringen Sie die gemiedenen Gemüsesorten beim nächsten Mal anders zubereitet auf den Tisch, oder peppen Sie das Gemüse durch kindgerechte Gestaltung auf.

Bestimmte intensive Gerüche, z. B. gekochter Kohl, Spargel, lösen bei manchen Kindern sogar Brechreiz aus. Lehnt Ihr Kind bestimmte Geschmacksrichtungen und Lebensmittel langfristig kategorisch ab, dann sollten Sie dies akzeptieren und Ihr Kochprogramm auf andere Varianten umstellen. Dies ist jedoch kein Grund, dass Sie selbst auf den Verzehr der vom Kind gemiedenen Lebensmittel verzichten. Orientieren Sie sich an den Werbestrategen: Nicht allein die Nachfrage bestimmt das Angebot, auch das Angebot weckt Wünsche.

Feste Mahl-Zeiten helfen, bewusster zu essen

Organisieren Sie die Nahrungsaufnahme so, dass diese auf fünf tägliche Mahlzeiten aufgeteilt ist. Mindestens eine davon sollte die Familie gemeinsam einnehmen.

Für ordentliche Essenszeiten besteht zwar ernährungsphysiologisch keine Notwendigkeit. Statt drei großen Mahlzeiten können auch ebenso gut mehrere kleine eingenommen werden. Ernährungsphysiologen halten sogar ständiges, jedoch mengenreduziertes Essen für günstiger, um große Schwankungen im Blutzuckerspiegel zu vermeiden.

Im Prinzip sind flexible Essenszeiten sogar sinnvoll, wenn sie durch die Reaktion auf Hungergefühle gesteuert werden. Allerdings besteht andererseits kein Grund, die traditionellen Essenszeiten aufzugeben. Auch die Formel »Frühstücken wie ein Kaiser, mittags essen wie ein König und abends wie ein Bettelmann«, ist nicht für jeden die optimale Lösung.

In anderen Ländern herrschen andere, mitunter sogar gegensätzliche Esssitten. So nehmen die Spanier, Italiener und Franzosen morgens kaum feste Nahrung zu sich. Sie begnügen sich mit einem Milchkaffee, dafür essen sie gut und reichlich am späten Abend. Die warme Mahlzeit wird in vielen Ländern auf den Abend verlegt, weil dann ohne Eile gegessen werden kann und die Familie wieder vollzählig versammelt ist. Das Essen erfüllt dort zusätzlich eine soziale und psychologische Aufgabe.

Gerade für dicke Kinder ist es wichtig, zu geregelten Zeiten und im Kreise von Familie oder Freunden zu essen.

Wenn morgens vor der Schule kein Frühstück eingenommen wird, dann sollte ein vollwertiges Pausenbrot, ein saftiges Stück Obst und ein Getränk oder ein Milchprodukt für die Pause mitgegeben werden. Die DGE und die Verbraucherzentrale in Hessen haben eine Broschüre »Empfehlungen zum Verkauf von Speisen und Getränken in Schulen« zusammengestellt, die Sie unter folgender Adresse gegen Rückporto anfordern können: DGE-Sektion Hessen, Augasse 13 b, 61194 Niddatal.

In einigen Bundesländern gibt es so genannte Gummibärchen- oder Müslierlasse der Landesregierungen, die den Verkauf »ungesunder« Lebensmittel auf dem Schulgelände untersagen.

Ein vollwertiges Pausenbrot ist ein Muss einer ausgewogenen Ernährung.

Fit und in Form

No Sports! Dieser Ausspruch stammt von Winston Churchill, einem übergewichtigen Premierminister Großbritanniens. Er wollte damit andeuten, dass seine Leibesfülle schlecht mit sportlicher Betätigung zusammenpasst. Damit hatte Churchill vielen Übergewichtigen ein ebenso gewichtiges wie schlechtes Argument geliefert – nämlich, dass Bewegung, wo immer es geht, zu vermeiden ist.

Hinsichtlich seiner Bewegungsunlust sicherlich kein Vorbild: Winston Churchill.

Diese relative Bewegungslosigkeit mag zwar nicht unbedingt dem eigentlichen Naturell der Dicken entsprechen, aber sie kommt ihrer Situation durchaus hilfreich entgegen. Je dicker jemand ist, umso mehr Belastung muss der Körper bei Bewegungen ertragen.

Die immer wieder zitierte gemütliche Bequemlichkeit und ausgeglichene Gelassenheit dicker Typen müssen also nicht unbedingt Charaktersache sein, sondern können ihren Ursprung in der Absicht haben, Anstrengungen zu vermeiden.

Vermeidungsstrategien fern halten

Wissenschaftliche Untersuchungen belegen: Kalorienreduktion und Bewegung lassen die Pfunde am schnellsten schwinden.

Mit Schonhaltungen bugsieren sich dicke Kinder ins Abseits. Je weniger sich Übergewichtige bewegen, umso träger werden sie. Und je mehr sie wiegen, umso schwerfälliger sind sie, denn der Körper baut konsequent Muskeln ab, wenn sie nicht bewegt werden.

Am Ende kann die verkümmerte Muskulatur die übergroße Leibesfülle nur noch schwer manövrieren. Damit wird der Aktionsradius der Übergewichtigen erheblich eingeschränkt. Das ist keineswegs schicksalhaft, sondern vermeidbar.

Schwung für eine schlankere Figur

Die Zauberformel fürs Abspecken heißt Bewegung. Und damit ist nicht nur die Bewegung im Alltag gemeint, sondern Sport und intensives Training. Viele wissenschaftliche Studien belegen, dass alle Kinder heute weniger aktiv und fit sind als früher. Die Forderung von Ärzten, Krankenkassen und Ernährungswissenschaftlern nach mehr Bewegung betrifft sowohl normalgewichtige als auch insbesondere übergewichtige Kinder. Allerdings: Dicke Kinder sind beim Sport und bei der Bewegung von vornherein benachteiligt. Sie haben in Relation zum Körpergewicht weniger Kraft und Kondition. Dicke geraten auch schnell außer Atem und schwitzen leicht.

Wichtig ist vor allem, dass sportliche Übungen regelmäßig durchgeführt werden: Damit das überschüssige Körperfett abgebaut wird, sollte täglich ein 30-minütiges intensives Bewegungsprogramm absolviert werden.

Der Bewegungsmangel von Kindern hat viele Gründe

- Verfügbarkeit von Auto oder öffentlichen Verkehrsmitteln, Aufzügen, Rolltreppen
- Mangel an Bewegungsgelegenheiten, z.B. in kleinen Stadtwohnungen
- Die Attraktivität sitzender Beschäftigungen mit Computern oder Fernseher

Doch wo und wie bringt man einem übergewichtigen Kind bei, dass nicht der Aufzug benutzt werden soll, sondern die Treppe? Dass es jetzt laufen soll, statt mit dem Auto zur Schule gebracht zu werden. Dass ab jetzt alle Entschuldigungen für das Schwänzen des Turnunterrichts gestrichen sind? Wie vermittelt man einem Kind glaubhaft, dass Bewegung und Sport auch Spaß machen?

Das geht zunächst einmal nicht ohne Sie, also Mutter und Vater. Sie müssen die Initiative ergreifen und die Bewegung vorleben, denn dann kann sich Ihr Kind nicht rausreden und am negativen Beispiel orientieren. Und finden Sie sich damit ab: Bewegung lernt es nur in ganz kleinen Schritten. Geht es zu schnell, wird Ihr Kind die Belastung mit Unlust quittieren.

Kinder wollen sich spielerisch bewegen. Sobald das Trainingsprogramm zu »ernst« wird, werden Sie bestimmt lautstark protestieren. Gemeinsame Radtouren und Schwimmbadbesuche machen den kleinen »Patienten« jedoch sicherlich Spaß.

Ein Bündnis mit dem Kind

Überlegen Sie mit Ihrem Kind gemeinsam, mit welchen alltäglichen Bewegungsabläufen es den Anfang machen möchte. Erklären Sie die Körperfülle zum gemeinsamen Feind. Versprechen Sie Ihrem Kind, in allen Notsituationen zu helfen. Wenn es das Kind vorzieht, zu Hause zu beginnen, um Gleichaltrigen keinen Anlass für dumme Bemerkungen zu geben, bitte schön! Hier einige Beispiele für die erste Phase Ihres gemeinsamen Bewegungstrainings:

- In den Kindergarten/die Schule gehen, nicht fahren
- Treppen steigen, nicht den Aufzug oder die Rolltreppe benutzen
- Treppen abwärts gehen, nicht den Aufzug oder die Rolltreppe benutzen
- Kleine Aufträge und Besorgungen zu Fuß oder mit dem Fahrrad erledigen
- Botengänge erledigen (zum Briefkasten, in den Keller gehen)
- Abends, an Sonn- und Feiertagen spazieren gehen
- Im Haushalt freiwillig helfen (Staub saugen, Wäsche aufhängen)

Sie müssen damit rechnen, dass Ihr Kind bald protestiert, diese Bewegungen würden keinen Spaß machen oder wären langweilig. Dann sollten Sie sich mit Ihrem Kind gemeinsam eine zweite, »interessantere« Phase ausdenken, z. B.:

- Längere Spaziergänge (Ausflüge) mit abwechslungsreichen Zielen, auf denen das Kind etwas erleben kann. Beginnen Sie bitte ganz klein und erhöhen Sie die Anforderungen wirklich nur allmählich
- Radtouren mit langsam ansteigenden Leistungsanforderungen, z. B. Erhöhung der Entfernung, Schwierigkeit der Strecke oder Dauer
- Schwimmbadbesuche mit Bewegungsspielen im Wasser

Wenn Sie Glück haben, bemerkt Ihr Kind bereits in dieser Phase, dass Sport und Bewegung gar nicht so unmöglich und langweilig sind, wie es zuvor angenommen hat. Es hat ein Motiv entdeckt, den eigenen Körper zu bewegen: Bewegung macht Spaß. Das ist der beste Zeitpunkt, die reglosen Beschäftigungen zu Hause einzuschränken.

Ob Ballspiele, Inlineskating oder Skateboardfahren – gemeinsam mit Freunden macht Sport noch viel mehr Spaß.

Was tun, wenn das Kind die Lust verliert?

Damit müssen Sie in jeder Phase rechnen. Denken Sie sich vorher eine Belohnung aus, die Sie dann zur Rettung der Motivation einsetzen. Das kann eine Kinokarte sein, ein Besuch im Zoo, dem Zirkus, einem Museum, aber auch eine Fahrt ins Grüne mit Picknick. Wenn auch das nicht zieht, animieren Sie Freunde Ihres Kindes zum Mitmachen: In der Gruppe fallen Bewegungsübungen und -spiele leichter.

Überlegen Sie mit Ihrem Kind gemeinsam, wo und wie Sie beginnen wollen, z.B.:

- Fernsehen auf zwei Sendungen pro Tag beschränken
- Computern und Lesen verringern
- Nichtstun einschränken

Gehen Sie in allen Phasen behutsam vor. Vermeiden Sie unter allen Umständen eine Konfrontation mit Verboten oder Zwang. Begeistern Sie durch Optimismus und loben Sie bisherige Erfolge. Suchen Sie sich mit Ihrem Kind gemeinsam eine Sportart aus; ältere Kinder können das selbstverständlich auch allein tun.

Animieren Sie Freunde Ihres Kindes zum Mitspielen und Mitsporteln. In der Gruppe steigt die Motivation, die Übungen machen - noch - mehr Spaß.

AKTIVITÄTEN, DIE SIE UND/ODER IHR KIND REGELMÄSSIG BETREIBEN KÖNNTEN

- Schwimmen
- Radfahren
- Inlineskating
- Tischtennis
- Badminton
- Aerobic
- Jazzdance
- Fußball

Geeignet sind alle Sportarten, bei denen viele Muskelgruppen betätigt werden, jedoch nur eine geringe statische Belastung des Körpers erfolgt.

Beachten Sie bitte bei allen Aktivitäten stets: In erster Linie sollte Ihr Kind Spaß an der Bewegung haben. Vermeiden Sie jede Überforderung. Eine Überforderung des Kindes kann zu Resignation, aber auch körperlichen Schäden führen. Wenn die Motivation stark genug ist, können Sie gemeinsam mit Ihrem Kind erreichbare sportliche Ziele formulieren.

Keine Ansprüche stellen

Bewegung allein reicht nicht aus. Erst eine Kombination von kalorienreduzierter Ernährung und Sport bringt Erfolge.

Für die Gewichtsreduktion sollten Sie vorerst keine Ansprüche stellen. Viel wichtiger ist hingegen: Je mehr Spaß Ihr Kind am Sport findet und je aktiver es wird, umso größer ist die Chance, dass es auch abnimmt. Damit das Körperfett abgebaut wird, müssen die Muskeln über mehr als 30 Minuten ständig belastet werden. Kurze Pausen sind erlaubt. Nur dann erfolgt die Energiebereitstellung über die Verbrennung von Fettsäuren aus dem Körper.

Kalorienverbrauch

Allgemein wird der Kalorienverbrauch durch Bewegung und Sport überschätzt: Eine Stunde Rad fahren mit einer Durchschnittsgeschwindigkeit von 30 Stundenkilometern verbraucht etwa 900 Kalorien, das entspricht dem Energiewert einer 300-Gramm-Pizza mit Salami, Käse und Tomaten.

KALORIENVERBRAUCH BEIM SPORT		
Sportart	Intensität	Kcal/Stunde
Laufen, schnell	15 km/h	710
Laufen	9 km/h	665
Gehen, schnell	6 km/h	260
Spazieren	4 km/h	200
Rad fahren, schnell	21 km/h	610
Rad fahren	9 km/h	250
Brustschwimmen	1 Std.	486
Kraulen, langsam	1 Std.	384
Gymnastik	1 Std.	470
Gymnastik, leicht	1Std.	210
Fußball	1 Std.	400
Tischtennis	1 Std.	205
Badminton	1 Std.	300
Zappen der Fernbedienung	1 Std.	93

Bewegungsspiele für die Kleinen

Sport begeistert meist erst Kinder nach dem Grundschulalter. Je kleiner das Kind ist, umso mehr ist es am gemeinsamen Spiel mit anderen Kindern interessiert. Dabei stehen für das Kind nicht die Bewegung an sich oder die körperliche Leistung im Vordergrund, sondern das gemeinsame Erlebnis.

Die folgenden Spiele eignen sich für Kinder zwischen drei und sieben Jahren. Zur Ausstattung gehört eine Kassette mit Instrumentalmusik:

* Begrüßung: Die Kinder stellen sich in zwei Kreisen auf und gehen zur Musik in gegensätzliche Richtung. Wenn die Musik abbricht, begrüßen sich die Kinder mit einer Verbeugung und Namensnennung, einem Luftsprung, Kopfstand, Knicks, Liegestütz, einer Pirouette usw.
* Flugzeug: Spiel zur Raumorientierung und Einschätzung von Körpermaßen und Geschwindigkeit. Die Kinder erhalten

Sportliche Anstrengungen werden zu Unrecht verdächtigt, Heißhunger zu erzeugen. Für eine Studie wurden Frauen nach einem 50-minütigen intensiven Training beobachtet. Bei der darauf folgenden Mahlzeit schmeckten den Teilnehmerinnen vor allem kleine Gerichte mit niedrigem Fettgehalt besser.

Wann immer es geht: Fördern Sie den Bewegungsdrang Ihres Kindes.

Die Kinder sollen die Übungen und Spiele freiwillig mitmachen. Sie müssen ihnen auf alle Fälle Spaß und Freude bereiten.

ein Zeitungsblatt, den Flugplatz. Jedes Kind darf wählen, was es für ein Flugzeug sein möchte: Düsenjäger, Doppeldecker Jumbojet usw. Auf das Kommando »Take off« starten die Kinder mit ausgebreiteten Armen und selbst erzeugtem Geräusch von ihrem Zeitungsblatt und fliegen durch den Raum. Sie dürfen sich dabei nicht berühren. Wer sich berührt, scheidet als Unfall aus. Stoppt die Musik, steuern die Kinder ihren Flugplatz an, beginnt die Musik von neuem, fliegen die Flugzeuge wieder los.

✳ Zebras und Löwen: Laufspiel zur Raumorientierung und zur Verbesserung des Reaktionsvermögens in einem großen Raum oder im Freien. Aufteilung der Kinder in zwei Gruppen, Zebras und Löwen, im Verhältnis 3:1. Ablauf: Solange die Musik spielt, traben die Zebras frei und jedes für sich allein im Raum. Die Löwen liegen auf dem Boden und schlafen. Wenn die Musik stoppt, wachen die Löwen auf. Die Zebras formieren sich zu einer Herde und versuchen den Löwen geschlossen trabend zu entkommen. Zum Üben können sich die Zebras zunächst an den Händen fassen. Die Löwen dürfen nur Zebras fangen, die aus der Herde ausgebrochen sind oder den Anschluss an die Herde verpasst haben.

✳ Hindernislauf als Geschicklichkeitsspiel zur Schulung des Körpergefühls: Möbel (Stühle, Tische, Bänke) werden als Hindernisse in zwei gleichlangen Reihen aufgestellt. Die Kinder werden in zwei Gruppen aufgeteilt. Wenn die Musik erklingt, laufen die Kinder im Kreis um alle Hindernisse. Endet die Musik, finden sich die Kinder bei ihrer Gruppe ein. Erklingt die Musik erneut, müssen die Kinder die Hindernisse umlaufen, unterkriechen, übersteigen usw. Hat ein Kind die Hindernisse bewältigt, darf das nächste Kind laufen. Die Siegergruppe erhält eine - nicht essbare - Belohnung.

Und wenn die Kids schon etwas größer sind: Schutzhelm auf, Arm-, Knie- und Handgelenkschützer angelegt und ab gehts auf den neuen Inlineskates. - Aber bitte nicht auf der Fahrbahn!

Hüpfspiele und Seilspringen

Erinnern Sie sich noch an Ihre Kinderzeit? - Kästchenhüpfen, Seilhüpfen und Gummitwist waren regelrechte »Renner«. Schon für kleine Hüpfer gibt es einfache Spiel- und Hüpfvarianten, die Sie sehr gut in das Bewegungsprogramm für Ihr Kind einbauen können. Sie werden dem kindlichen Bewegungsdrang in besonderem Maße gerecht und animieren das Kind zum Hüpfen, Hopsen, Laufen und Springen.

Abwechslungsreiches und gesundes Spiel

Der gesundheitliche Nutzen des Seilspringens ist mittlerweile wissenschaftlich belegt. Das Springen mit dem Seil fördert Kondition, Kraft, Beweglichkeit, Schnelligkeit und Koordination der Kinder. Seilhüpfen ist jedoch durchaus anstrengend. Deshalb auch hier der Hinweis: Achten Sie stets darauf, dass sich Ihr Kind nicht überanstrengt. - Das Risiko ist jedoch äußerst gering: Meist geht dem Kind vorher die Puste aus.

Märchen rund ums Dicksein

Dicke Kinder sind häufig Spott und Hänseleien ausgesetzt.

Kennen Sie auch die Geschichte mit dem Spinat und dem Eisen? Sicher mussten Sie als Kind deshalb viel Spinat essen. Das war die Folge eines Tippfehlers, den die Sekretärin eines Wissenschaftlers im vorigen Jahrhundert gemacht hatte. Statt 3,5 Milligramm Eisen schrieb sie 35 Milligramm in die Nährwerttabelle. Frappierend: Rund 50 Jahre lang wurde der nachfolgenden Korrektur von den meisten Müttern keine Beachtung geschenkt. Auch rund um das Thema Ernährung und Dicksein kursieren einige kuriose Märchen und Geschichten.

Gefahr für Groß und Klein

Der französische Chirurg und Anthropologe Paul Broca legte vor mehr als 100 Jahren den Grundstein für einen Generationen überdauernden, populären Begriff: das Normalgewicht. Als normales Gewicht definierte Broca die jeweilige Körpergröße in Zentimeter minus 100, das heißt beispielsweise etwa 78 Kilogramm bei einer Größe von 178 Zentimeter.

Die meisten Berechnungsformeln für das normale oder gar ideale Gewicht sind auf Kinder nicht anwendbar.

Heute wird die Broca-Formel als völlig unzutreffend kritisiert. Leider spukt sie immer noch als Wertmaßstab für dick, dünn oder normal in vielen Köpfen herum. Lange Zeit wurde der Broca-Index auch von Medizinern als Maßstab für das richtige Gewicht genutzt.

Wenn heute allerdings ein Wissenschaftler mit der Broca-Formel argumentiert, dann spricht das weder für Aktualität noch für Kompetenz. Der derzeit medizinisch anerkannte Maßstab zur Beurteilung der Körperfülle ist der so genannte Body-Mass-Index (Seite 23f.).

Zur Bestimmung des Normalgewichts von Kindern ist die Broca-Formel nicht geeignet. Beispiel: Ein 103 Zentimeter großes, etwa vierjähriges Mädchen dürfte nach der Broca-Formel nur drei Kilogramm wiegen – ein Gewicht, das bereits von gesunden Neugeborenen übertroffen wird.

Der Unsinn vom Idealgewicht

In den Sechzigerjahren stellte sich – aus welchen Gründen auch immer – eine Lebensversicherungsgesellschaft in den USA eine höchst interessante Frage: Kann das individuelle Körpergewicht ein Indikator für die Lebenserwartung sein? Es kann – so die viel versprechende Antwort, die sich die Lebensversicherer anhand einer groß angelegten Datenauswertung bald darauf selbst gaben. Damit war der Begriff des Idealgewichts geboren. Errechnen lässt sich das ideale Gewicht über das Normalgewicht nach Broca (also die Körpergröße minus 100) abzüglich zehn Prozent für das männliche bzw. fünfzehn Prozent für das weibliche Geschlecht.

Das Einhalten des persönlichen Idealgewichts, so das Fazit der veröffentlichten Daten, sei die beste Voraussetzung für ein langes Leben. Welcher lebensbejahende Mensch sollte auf diesen heißen Tipp nicht reagieren?

Die Einschätzung der Lebensversicherer wurde sehr bald zum obersten Ziel zahlreicher Diätwilliger. Absoluter Mumpitz, meinen inzwischen einhellig sowohl Mediziner als auch Ernährungswissenschaftler. Selbst die besagte Versicherungsgesellschaft steht nicht mehr hinter den Meldungen von einst. Das Idealgewicht ist ein Maß, das für Models gelten kann, der Gesundheit zuträglich ist es damit jedoch noch lange nicht. Im Gegenteil: Die Grenzen für die Leibesfülle sind mit dem Idealgewicht so eng gesteckt, dass bei energischem Willen, das Körpergewicht auf das ideale Soll zu bringen, die ernste Gefahr besteht, in eine Magersucht und dauerhaft gestörtes Essverhalten abzurutschen. Besonders betroffen sind wiederum kleine Menschen.

Deshalb: Quälen Sie weder sich und schon gar nicht Ihren Nachwuchs mit falschen, überzogenen Zielen. Das Idealgewicht ist in höchstem Maße out!

Gibt es schwere Knochen?

Auch wenn es sicherlich zutrifft, dass die Knochen zum Gesamtkörpergewicht beitragen, verantwortlich für zu viele Pfunde ist das Skelett jedoch keinesfalls.

Der breite Körperbau und die schweren Knochen – das sind zwei gängige Ausreden, wenn die Waage mehr anzeigt, als einem lieb ist. Sicherlich ist es richtig, dass das Skelett den Körper stützt und ihm auch eine schmale oder breitere Form verleihen kann.

Allerdings fällt die Masse des Knochenapparates im Vergleich zu den sonstigen Körperteilen nur mit etwa 14 bis 16 Prozent ins Gewicht. Bei einem 25 Kilogramm schweren Kind sind dies allerhöchstens vier Kilogramm. Bei einem Erwachsenen von 70 Kilogramm Körpergewicht entfallen etwa zehn bis zwölf Kilogramm auf das Skelett. Übergewicht, das die Waage um einige Kilo mehr ausschlagen lässt, kann deshalb nicht mit schweren Knochen entschuldigt werden.

Es ist verboten zu verbieten. Hin und wieder eine Portion Eis darf es auf alle Fälle sein. – Es schmeckt ja auch so lecker.

Nudeln machen nicht dick

Kohlenhydrate, also Mehlspeisen, Brot, Zucker und Kartoffeln, machen dick? Diese wissenschaftliche Falschmeldung hält sich so zäh wie der angebliche Eisengehalt des Spinats. Dass Kohlenhydrate dick machen, ist eine Erkenntnis aus der Landwirtschaft. Tiere, die zur Fleischerzeugung gemästet werden, bekommen meist kohlenhydratreiches Futter. Die Wissenschaft übertrug die Erfahrungen aus der Tiermast auf den Menschen. Ein Denkfehler, wie sich später herausstellte. Doch die Berichtigung, dass Kohlenhydrate nicht dick machen, bleibt vielfach ungehört. Der Mensch ist kein Huftier und verfügt nicht über die enzymatische Spezialausstattung eines Rindes oder Schweines, die eine schnelle Umwandlung der Energie aus Körnern in Speck und Fleisch möglich macht.

Wer abnehmen will, muss grundsätzlich nicht auf Nudeln verzichten. Kohlenhydrate machen nicht dick. Aber: Verzichten Sie unbedingt auf Sahne- oder Buttersaucen zu den Nudelgerichten. Auch Käse sollte nur in Maßen oder fettarm dazu genossen werden.

Kalorien aus Kohlenhydraten werden in der Regel sofort in Bewegungsenergie umgesetzt. Allerdings bewirken sehr große Mengen aufgenommener Kohlenhydrate auch beim Menschen einen Masteffekt. Doch dazu müssen täglich etwa drei Kilogramm Kartoffeln, zwei Kilogramm Nudeln oder 500 Gramm reiner Zucker vertilgt werden.

Süßes – Nahrung fürs Gehirn?

Zucker ist unverzichtbarer Nährstoff und für viele Funktionen unseres Körpers verantwortlich. Der Körper kann Zucker hervorragend selbst herstellen, nämlich aus Kohlenhydraten. Dass reiner Zucker jedoch immer wieder als Nahrung für das Gehirn gelobt und eingesetzt wird, basiert leider auf einem Märchen. Richtig ist dagegen, dass Zucker nur kurzfristig das Gehirn hochputscht und die Stimmung aufhellt. Recht bald tritt jedoch ein gegenteiliger Effekt ein. Lang anhaltende Stimmungsaufheller und Gerhirnversorger sind kohlenhydratreiche Getreide- und Vollkornprodukte sowie Gemüse wie Kartoffeln oder Hülsenfrüchte.

Hilft Süßstoff beim Abnehmen?

Süßstoff wird für viele Zwecke gelobt: Süßstoff soll Karies vermeiden. Das stimmt. Süßstoff soll Zuckerkranken den Süßgeschmack erhalten. Das stimmt auch. Und Süßstoff soll beim Abnehmen helfen. Das stimmt nicht!

Süßstoffe enthalten keinen Zucker, sondern andere Substanzen, die ähnlich süß – teilweise sogar um das Tausendfache süßer – schmecken. Deshalb denken Dicke fälschlich, sie würden damit eine Menge Kalorien einsparen. Das kann sein, aber es ist völlig unbedeutend.

Wenn Sie Süßstoff verwenden wollen oder müssen, z.B. bei Zuckerkrankheit, sollten Sie sich in der Apotheke beraten lassen. Süßstoffe, die in so genannten Lightprodukten (siehe Seite 57) enthalten sind, stehen im Verdacht u.a. Allergien auszulösen.

Wer Süßstoffe verwendet, weil er hofft, damit abnehmen zu können, irrt. Denn nur über die Reduzierung von Fett kann abgenommen werden. Der Pferdefuß des Süßstoffs trifft ausgerechnet die Dicken: Sie werden nicht vom Süßen entwöhnt, sondern wiegen sich in einer scheinbaren Sicherheit. Und: Viele Speisen, die zwar mit Süßstoff gesüßt sind, enthalten immer noch viele Fettkalorien.

Heißhunger durch Süßstoff?

Häufig wird behauptet, Süßstoff verursache Heißhunger. Das ist wissenschaftlich widerlegt. Keine der Studien konnte beweisen, dass Süßstoffe zu vermehrter Nahrungsaufnahme und zu steigendem Körpergewicht führen.

Gesunde Lebensmittel gibt es nicht

Milch ist gesund, Schokolade nicht. Zucker ist ungesund, Brokkoli dagegen sehr gesund. Auch Muttermilch ist in der landläufigen Meinung gesund, trotz extrem hoher Gift- und Schadstoffgehalte. Die Welt der Lebensmittel wird vor allem in der Ernährungserziehung gern in gesund und ungesund eingeteilt. Vergessen Sie das, es ist schlicht unwahr. Diese Bewertung führt sogar unweigerlich zu Konflikten, die letztlich nur Ihren positiven Einfluss auf Ihr Kind schwächen.

Diätkost muss nicht langweilig sein: So lustig kann eine ausgewogene Kindermahlzeit aussehen.

Bedenken Sie: Ein Brot ist ebenso wenig gesund wie ein Dauerlutscher krank ist. Nur ein lebendes Wesen kann gesund oder krank sein. Ihr Kind ist nicht dumm. Es denkt über viele Argumente nach. Isst Ihr Kind ungesunde Schokolade und wird es nicht krank, dann hat das Gesundheitsargument bei der Schokolade keine Wirkung mehr. Andererseits kann es von gesunder Milch durchaus krank werden, nämlich wenn es zu viel davon trinkt.

Wo steckt im Fleisch die Lebenskraft?

Fleisch ist ein Stück Lebenskraft, das behaupten immer wieder Marketingstrategen und zählen eine Litanei guter Eigenschaften des Fleisches auf. Das ist für sich genommen meist auch richtig und entspricht den Tatsachen. Qualitativ hochwertiges Fleisch ist ein wertvolles Nahrungsmittel. Doch die Kampagne der CMA, der Absatzorganisation der deutschen Landwirte, möchte damit eigentlich nicht primär die Gesundheit der Fleischesser positiv beeinflussen, sondern den Verzehr von Fleisch ankurbeln. Die Werbung suggeriert mit der fleischlichen Lebenskraft vor allem den unbedenklichen Konsum von Fleisch.

Doch sämtliche Ernährungsexperten warnen vor der Lust auf Fleisch und machen häufigen und reichlichen Fleischverzehr für viele gesundheitliche Leiden verantwortlich. Das sind beispielsweise Herz-Kreislauf-Beschwerden, Herzinfarkt, Gicht und Rheuma. Auch krankhaftes Übergewicht steht auf

TIPP

Wer Übergewicht hat, sollte Fleisch und Fisch nicht häufiger als zweimal pro Woche auf den Teller bekommen.

dieser langen Liste ganz oben. Die Deutsche Gesellschaft für Ernährung empfiehlt normalgewichtigen Bürgern deshalb, Fleisch- und Fischverzehr zu reduzieren; maximal zweimal pro Woche sollte Fleisch und Fisch gegessen werden. – Sicher nicht, weil Fleisch ein Stück Lebenskraft ist.

Hamburger sind nicht wertlos

Am besten man akzeptiert, dass alle Lebensmittel jeweils in der richtigen Menge eine Funktion haben. Dazu zählen auch Streitobjekte wie Cola, Eis, Spaghetti und Kartoffelchips. Machen Sie Ihrem Kind lediglich klar, dass es auf die Menge ankommt und dass der Verzehr durch einen Verzicht auf andere Lebensmittel oder mehr Bewegung ausgeglichen werden muss.

Der plattgedrückte Fleischklops zwischen zwei weichen Brötchenhälften, garniert mit Ketchup, Essiggurkenscheiben und etwas Chinakohl, hat schon viel Unfrieden in den Familien gestiftet, weil er geradezu magische Anziehungskraft auf Kinder ausübt und weil er Erwachsenen als der Anfang allen Übels gilt. Um ihm den Erfolg zu vermiesen, wurden in der Vergangenheit immer wieder Argumente gegen dieses amerikanische Nationalgericht gesucht – und gefunden.

Beispielsweise soll er am Untergang der Regenwälder Schuld sein und wie anderes Fastfood schlechthin keine wertvollen Nährstoffe enthalten. Kombiniert mit einem Salat und einem Glas Buttermilch ist ein Hamburger jedoch durchaus akzeptabel. Allerdings: Allein die Kombination mit anderen Lebensmitteln sichert ihm dieses Attribut. Brötchen ohne Belag, Belag ohne Brötchen, Fleisch ohne Beilage und Gemüse oder Karotten ohne Fett – vielen Lebensmitteln müsste das Prädikat »gesund« abgesprochen werden.

Eine genussvolle Esskultur verhindert Übergewicht

Was so unglaubwürdig klingt, ist wahr. Je genussvoller gegessen wird, umso gesünder und weniger übergewichtig sind die Esser. Warum das so ist, können die Ernährungswissenschaftler nicht mit Fakten belegen. Sie vermuten jedoch, dass die Art und Weise, wie man isst, sehr große Wirkung auf Gesundheit und Wohlbefinden sowie das Übergewicht hat.

Das Deutsche Institut für Ernährungsforschung in Potsdam verglich die Essgewohnheiten von Franzosen mit denen von Deutschen. Das Resultat: Die Franzosen essen noch fetter als die Deutschen, vor allem viel mehr tierische Fette, z.B. Butter. Trotzdem sind sie wesentlich weniger übergewichtig und erkranken wesentlich seltener an Herz-Kreislauf-Beschwerden. Die Forscher vermuten, dass die Ursache für die bessere Gesundheit unseres Nachbarvolks in ihrer Lebensart zu suchen ist. Die tägliche Hauptmahlzeit mit mehreren Gängen, genussvoll und in Ruhe verspeist, würde weniger zum Überessen verleiten als eine in Eile hinuntergeschlungene Mahlzeit.

Das Gesundheitszentrum Waldfriede in Berlin ermittelte die Essenszeiten der Deutschen. Danach investiert der Durchschnittsbürger nur zehn Minuten in sein Frühstück und opfert jeweils 15 Minuten seiner kostbaren Zeit für das Mittag- und Abendessen. Nur fünf Prozent der Deutschen nehmen ihre Mahlzeiten gemeinsam mit der Familie ein. Anstelle des genussvollen Essens sei eine Gier nach Essbarem getreten.

Nehmen Sie sich die Esskultur in Frankreich, Spanien oder Italien zum Vorbild: Lassen Sie sich Zeit für Zubereitung und Verzehr der Mahlzeiten. Ein entspanntes gemeinsames Abendessen beispielsweise kann einen Tag sehr schön abrunden.

Diätprodukte als Abspeckmittel

Das magische Wort Diät steht auf mancher Margarine-, Wurst-, Käse- oder Schokoladenpackung. Bei dem Wort Diät glaubt der Käufer, dass damit ein diätisches Lebensmittel gemeint ist, das ihm beim Kampf gegen die überflüssigen Pfunde helfen kann. Doch da hat er falsch gedacht. Ist das Lebensmittel nicht ausdrücklich als fettreduziert oder kalorienreduziert ausgewiesen, dann eignet es sich zur fettreduzierten Diät genauso wenig wie normale Produkte.

Denn: Der Fettgehalt der Lebensmittel ist schließlich das entscheidende Kriterium. Es nützt nichts, wenn Zuckerkalorien durch kalorienfreien Süßstoff ersetzt werden, der Fettgehalt aber unverändert bleibt.

Wenn schon Diät, dann weniger Fett.

Nebenstehende Verbände, Organisationen und Selbsthilfegruppen helfen Ihnen gerne weiter, wenn Sie Fragen rund um Ernährung, Übergewicht und Nahrungsmittel haben. Sie erhalten dort auch Kontaktadressen von Organisationen in Ihrer Nähe.

Adressen, Selbsthilfegruppen, Therapiezentren

Adipositas Rehabilitations-Zentrum Insula, Insulaweg 8, 83489 Strub/Berchtesgaden, Telefon und Fax: 08652/59522; Adipositas-Langzeit-Rehabilitation (sechs bis neun Monate) für stark Übergewichtige ab 13 Jahren

ANAD e.V., Psychosoziale Beratungsstelle bei Eßstörungen e.V., Rottmannstraße 5, 80333 München, Telefon 089/5236633, Fax 089/527163

Anonyme Eßsüchtige, Overeaters Anonymus, Postfach 106206, 28062 Bremen, Telefon 0421/327224, Fax 02151/779499; Selbsthilfegruppe für Über- und Untergewichtige

Deutsche Gesellschaft für Ernährung (DGE), Im Vogelsang 40, 60488 Frankfurt/M., Telefon 069/9768030, Fax 069/97680318; Allgemein- und Spezialinformation zu gesunder Ernährung

Dick und Dünn e.V., Beratungsstelle bei Ess-Störungen, Innsbrucker Straße 25, 10825 Berlin, Telefon 030/8548442

Emotional Anonymus, Kratzbachstr. 33, 10965 Berlin, Telefon 030/7867984; Selbsthilfegruppe bei tiefsitzenden Ernährungsstörungen

Frankfurter Zentrum für Eßstörungen e.V., Hansaallee 18, 60322 Frankfurt/M., Telefon 069/550175; Beratung, Information und Kursprogramme

Kabera, Kurt-Schumacher-Str. 2, 34117 Kassel; Sport und Ernährung – ein ambulantes Programm für adipöse Kinder

Über die Autoren

Brigitte Sager-Krauss ist Diplom-Ökotrophologin. Sie arbeitet seit vielen Jahren als Fachjournalistin für Gesundheit Ernährung. Die Idee zu dem vorliegenden Buch ging auf eine Fernsehsendung von ihr zurück, die sie für den WDR produziert hat. Brigitte Sager-Krauss lebt in Aschaffenburg.

Wolfgang Thielke, Jahrgang 1948, ehemals Chefredakteur des Verbrauchermagazins Lebensmittel aktuell, Redakteur bei Bunte, Eltern und bei Tageszeitungen, arbeitet heute als freier Journalist, Autor und Redakteur für verschiedene Verlage. Im Weltbild Buchverlag, Augsburg, erschien sein Buch »Das praktische Kursbuch Hausmittel«.

Die Deutsche Bibliothek – CIP Einheitsaufnahme

Brigitte Sager-Krauss / Wolfgang Thielke
Wie dicke Kinder abnehmen können / Brigitte Sager-Krauss / Wolfgang Thielke – Augsburg: Weltbild Verlag GmbH 1998
ISBN 3-310-00442-2

Bildnachweis »Wie dicke Kinder abnehmen können«

AKG Archiv für Kunst und Geschichte, Berlin: 14 (P.P. Rubens), 108; Bilderberg Archiv der Fotografen, Hamburg: 2 (Klaus Bossemeyer), 20 (Peter Blok), 27 (Ellerbrock & Schafft), 48 (Klaus Bossemeyer), 60 (Andrej Reiser), 62 (Enno Kapitza), 64 (Thomas Ernsting), 71 (Dorothea Schmid), 79 (Klaus Bossemeyer), 116 (Stefan Enders); FOOD Archiv, München: 16, 50, 56, 75, 107, 121; Bildarchiv Okapia KG, Berlin: 28 (Dan McCoy/Rainbow), 33 (Eddi Böhnke), 100 (Grag Evans), 102 (A. Jorgensen/Photri), 118 (Hubert Kranemann); Photodisc, Hamburg/Seattle: 10; PhotoPress Bildagentur GmbH, Stockdorf/München: 37 (Seve), 80 (Hardtke), 86 (Kiepke), 88 (Hapf), 111 (Hapf); ZEFA Zentrale Farbbild Agentur GmbH, Frankfurt: 40 (Masterfile), 76 (Kotoh), 105 (Normann), 114 (Masterfile)

Bildnachweis »Dein persönliches Abnehm-Buch«

Bilderberg Archiv der Fotografen, Hamburg: 8 (Thomas Ernsting); FOOD Archiv, München: 5, 20–31; Barbara Gandenheimer, Augsburg: 12; PhotoPress Bildagentur GmbH, Stockdorf/München: 2 (Kuh), 17 (Gerhard); ZEFA Zentrale Farbbild Agentur GmbH, Frankfurt: 19 (Kinne)

Weiterführende Literatur

Bohlmann: Schlank und fit ohne Diät. Gräfe und Unzer. München 1997
Dröge/Teßmer: Meine kleine Kochschule. Coppenrath Verlag. Münster 1994
Hell/Spatz/Sporer: Gesunde Ernährung in der Grundschule, Prögel Praxis. R. Oldenbourg Verlag. München 1992
Kersting/Clausen/Chahda: Gesund essen und gemeinsam abnehmen. Forschungsinstitut für Kinderernährung. Dortmund 1994
Pudel: Ketchup, Big Mac, Gummibärchen. Essen im Schlaraffenland. Heyne-Verlag. München 1996
Schürmann-Mock: Nudeln, Pommes – und was sonst? Kösel. München 1996
Verbraucher-Zentrale NRW: Bärenstarke Kinderkost. Verbraucher-Zentrale Nordrhein-Westfalen. Düsseldorf 1997

Impressum

Haftungsausschluss

Die Inhalte dieses Buches sind sorgfältig recherchiert und erarbeitet worden. Dennoch können weder Autoren noch Verlag für alle Angaben im Buch eine Haftung übernehmen.

Midena Verlag

2. Auflage

Redaktion: Dr. Horst Leisering / Michael Kraft
Bildredaktion: Miriam Zöller
Umschlag: Beatrice Schmücker
Layout: Christine Paxmann, München
Grafik / DTP-Produktion: AVAK Publikationsdesign, München
Reproduktion: Uhl und Massopust, Aalen
Druck und Bindung: Offizin Andersen Nexö, Grafischer Großbetrieb, Leipzig

Gedruckt auf chlorfrei gebleichtem Papier

Printed in Germany

ISBN 3-310-00442-2

Register